未成年人法律制度研究丛书之八

总主编／童建明　宋英辉

未成年人司法转处研究

马丽亚　著

中国检察出版社

图书在版编目（CIP）数据

未成年人司法转处研究 / 马丽亚著 . —北京：
中国检察出版社，2024.1
ISBN 978 - 7 - 5102 - 2978 - 7

Ⅰ.①未… Ⅱ.①马… Ⅲ.①未成年人犯罪 - 司法制
度 - 研究 - 中国 Ⅳ.①D925.204

中国国家版本馆 CIP 数据核字（2023）第 237098 号

未成年人司法转处研究

马丽亚　著

责任编辑：侯逸霄
技术编辑：王英英
美术编辑：徐嘉武

出版发行：中国检察出版社
社　　址：北京市石景山区香山南路 109 号（100144）
网　　址：中国检察出版社（www.zgjccbs.com）
编辑电话：(010) 86423796
发行电话：(010) 86423726　86423727　86423728
　　　　　　(010) 86423730　86423732
经　　销：新华书店
印　　刷：河北宝昌佳彩印刷有限公司
开　　本：710 mm×960 mm　16 开
印　　张：12.5
字　　数：208 千字
版　　次：2024 年 1 月第一版　　2024 年 1 月第一次印刷
书　　号：ISBN 978 - 7 - 5102 - 2978 - 7
定　　价：42.00 元

□ 总　序

　　未成年人是社会的一个特殊群体。这个特殊群体一方面承载着国家和社会的希望，是人类持续发展的后备力量；另一方面，这一特殊群体心智发育未臻健全，需要得到特殊的关怀与照顾。联合国《儿童权利宣言》写道："儿童因身心尚未成熟，在其出生以前和以后均需要特殊的保护和照料，包括法律上的适当保护。"因此，无论是在立法环节，还是在执法、司法实践中，均需要契合未成年人群体的特殊性，尊重未成年人的成长规律，实现对未成年人保护的综合化、未成年人利益的最大化。

　　我国是未成年人口大国，且处在社会转型期，工业化、城镇化进程不断加快，未成年人的监护、教育、身心健康以及权益保护等面临着一些新问题、新情况。未成年人保护和犯罪预防已成为影响社会和谐稳定的源头性、基础性问题之一，关系国家长久稳定、社会未来发展和民族伟大复兴，加强未成年人保护和犯罪预防，已成为刻不容缓的任务。我国未成年人法律制度建设起步较晚，理论研究薄弱，对未成年人保护和犯罪预防规律性的认识尚不够深入，导致未成年人保护的法律体系、司法体制、社会支持等方面难以完全适应我国未成年人保护和犯罪预防的现实需要。基于此，在中央有关部门和学校的大力支持下，北京师范大学设立未成年人检察研究中心，中国政法大学设立未成年人事务治理与法律研究基地。

　　北京师范大学未成年人检察研究中心是最高人民检察院确定的"未成年人检察研究基地"，被纳入北京师范大学省部级以上科研平台支持与管理，整合北京师范大学校内法学、心理学、教育学、社会工作、公共管理等学科中与未成年人相关的研究力量，并吸纳校外在未成年人法学和未成年人保护方面卓有建树的专家参与。目标是建成在国内具有领先地位和引领作用的、重点研究少年司法和未成年人法律保护并覆盖未成年人相关问题研究、具有跨学科、综合性和国际化特色的研究机构和在未成年人领域具有全国影响的高端智库机构。

中国政法大学未成年人事务治理与法律研究基地是中国政法大学与中央有关部门合作共建的未成年人方面的新型高端智库和法律研究平台。2020年6月，最高人民检察院与中国政法大学签署共建协议，并确定为最高人民检察院"未成年人检察研究基地"。基地聚焦未成年人事务治理研究，以未成年人立法、未成年人司法、未成年人福利、未成年人保护四大领域为核心，开展理论研究和咨政献策。目的在于加强理论与实践的结合，研究中国问题、构建中国理论、提出中国方案，共同推动未成年人事务治理现代化。

为推进未成年人法学研究，北京师范大学未成年人检察研究中心、中国政法大学未成年人事务治理与法律研究基地联合推出"未成年人法律制度研究丛书"，希望通过这种形式，逐步积累学术成果，繁荣、深化和开拓未成年人保护与犯罪预防领域的学术研究，促进学界和实务界的交流与合作，不断提高我国未成年人法学理论和实践水平，进而有力地促进未成年人事务治理现代化。

宋英辉

2020年4月15日

摘 要

未成年人司法转处在未成年人司法体系中具有重要地位与价值，其不仅是衡量一国未成年人司法发展状况的重要指标，也是国际刑事司法与未成年人司法准则的基本要求。本书通过对未成年人司法转处的发展历程剥丝抽茧，认为未成年人司法转处起源于理念，形成于实践，完善于制度，是一项含义广博、层次丰富、内容翔实、形态多样的立体概念。因此，本书将域外的未成年人司法转处作为解构对象，运用文献分析与对比的研究方法，从理念、实践与制度三个维度切入，较为系统完整地阐明其本质并予以总结，或反思不足之处，或提出有益借鉴，最后落脚于未成年人司法转处的中国构建。

第一章是未成年人司法转处的基本范畴。未成年人司法转处的概念是研究的起点，本书从层次、内容与形态三个维度对其进行解读。再向前推及未成年人司法转处的理论基础，其具有来自未成年人司法、犯罪学与刑事法三方面的基础。未成年人司法转处的目标是避免与减弱污名化效果、提供服务、降低司法成本并提高未成年人司法体系的效率以及减少再犯。其特征包括关注正式司法体系对未成年人的消极影响，重视未成年人承担责任的必然性，以及强调未成年人顺利回归社会的必要性。

第二章是未成年人司法转处的理念之维。未成年人司法转处理念起源于美国。通过对该国未成年人司法的传统、正当程序以及惩罚模式时期的未成年人转处理念的剖析，本书认为未成年人转处理念是主体性的观念，是未成年人司法的理念，是一项具有现实针对性的概念。虽然未成年人司法体系在过去甚至未来呈现周期性的变化,在福利与惩罚之间摇摆,在未成年人康复与社会保护之间徘徊,但作为未成年人司法诞生与发展正当化根据的转处理念从未被削弱。因而,在未成年人司法转处理念蓬勃发展的同时,应对其是否缩小或扩张社会控制、是否缺乏对被害人的关注等方面进行反思。

第三章是未成年人司法转处的实践之维。未成年人司法转处实践是理念传播发展的必然产物,且由于各国法律传统与基础不同,各国的未成年人转处实践也各具特色。本章从实体内容与程序内容两方面对实践类型进行考察。依前者可将未成年人司法转处实践类型化为三种模式,即转处项目模式、恢复性司法模式以及警察警告模式。依后者可将未成年人司法转处实践类型化为审前转处与全程转处两种模式。实证研究表明,未成年人司法转处实践的确能够实现减少再犯等目标,然而针对转处实践,也需要对剥夺权利的危险、违反会议条件的未知后果和未经定罪的惩罚等方面进行反思。

第四章是未成年人司法转处的制度之维。未成年人司法转处理念与实践发展到一定阶段则以制度的形式确认其成果。根据各国未成年人司法转处制度是以程序阶段分明为特征或以实体内容周延为特征,将其分为这两种模式并进行内容梳理、特点归纳与经验总结。同时,基于国际司法准则的具体规定,从转处依据、阶段、适用主体与方案这四个方面对未成年人司法转处制度进行体系性考察。由此可以梳理出未成年人司法转处制度应具备的基本特征、应遵循的基本原则以及应涵盖的基本内容。

第五章是未成年人司法转处的中国构建。我国未成年人司法的产生与发展具有一定的特殊性,故而未成年人司法转处在我国的发展特点表现为理念、实践与制度共同演进,尤其是后两者有时难以严格区分或剥离。然而,为了阐明我国未成年人司法转处的理念、实践与制度的现状及其存在的问题,本章尽可能地对三者进行了相对独立的描述。此外，我国未成年人司法转处制度的构建与完善面临着一定机遇与挑战。域外各国的未成年人司法制度为我国制度的构建提供了广义与狭义的转处制度两种方案，通过对比分析二者的优势与缺陷后，后者是我国的更优选择，即我国的未成年人司法转处制度应当是将符合条件的未成年人从正式的刑事司法或未成年人司法程序中附条件或无条件地予以转出并视情况对其实施相应的处遇措施，未成年人遵守条件或完全履行义务后不再启动或不再继续司法程序的狭义的制度。因此，我国构建该制度的具体路径一方面要关注五项重点问题，即界定适用范围的依据与对象的公平性，转处制度与被害人权益的平衡，公安机关的自由裁量权与延伸到审判阶段的转处制度，正当程序的保障，实体处遇与保护处分之辨；另一方面应当扩大适用范围且保障适用的公平性，构建体系化的实体处遇方案。

目　录

引　言

第一节　问题的提出

🍃 一、研究背景与意义

"如果少年犯罪是一种疾病的话，我们当然应尽力去治愈它。我们知道预防要比治疗好，而且成本要低。同时我们也知道，有时候疾病没有强效的药物也能够减轻，就像普通的感冒，一片阿司匹林或者一匙止咳糖浆就足够了。"[①]

——加普·E. 德克（Jaap E. Doek）

最初看到上述这一段话的我深以为然，现今则认为最后一句当为"一片儿童阿司匹林或者一匙儿童止咳糖浆就足够了"最妥。不同年龄阶段大脑发育的程度会对人类情绪、认知以及行为方式产生决定性的影响，然而生理与心理方面的成熟必然是循序渐进过程，并非一蹴而就，但法律是不可含糊、斩钉截铁的，因此法律基于生理特点的科学考量以年龄为标尺将人群划分为未成熟之人与成熟之人，即"未成年人"与"成年人"。在"未成年人"这个概念尚未产生之前，法律规则由成年人为未成年人制定，用以规范彼此的行为与关系。自公元前1700年左右世界上第一部法典《汉谟拉比法典》诞生起，成年人的法律规则不断充实完善并以条文或判例的形式确定固化。自

[①] ［美］玛格丽特·K. 罗森海姆、富兰克林·E. 齐姆林、戴维·S. 坦南豪斯、伯纳德·多恩：《少年司法的一个世纪》，高维俭译，商务印书馆2008年版，第572页。

18 世纪后期开始，人类的儿童意识或未成年人意识开始觉醒，对未成年人的生理与心理方面的特殊性的认知不断提升，法律开始给予未成年人特殊保护与不同处遇。① 这种特殊保护与处遇和成年人法律规则的区别应当是彻底且全面的，若对未成年人呼吁法律上的特殊保护，却囿于成年人司法体系，则极易困于形式主义的桎梏之中。若对未成年人主张法律上的不同处遇，却只能基于成年人规则"小儿酌减"，则极易陷入形神分离的困境。与成年人司法相较，未成年人司法上的特殊保护与处遇应当是"质的区别"，而非"量的区别"。虽然世界各国对未成年人法律上的特殊保护与处遇表现为不同的阶段或形态，但独立建制是未成年人司法的根本方向与目标。

不论是已有独立未成年人司法制度的国家还是仍在建设过程中的国家，通过对其未成年人司法制度的观察与分析，不难发现未成年人司法并非倏然从天而降或拔地而起，而均须经历一个极其重要的步骤——转处，即将未成年人从正式的司法体系中转出并视其需要进行适当处遇。② 美国著名法学教授富兰克林·齐姆林指出："转处主义（diversionary）是少年法院乃至少年司法得以正当化的根由。"

未成年人司法的诞生及发展史是一部以转处为中心的革命史。伊利诺伊州于 1899 年通过《少年法院法案》，创设了世界上第一个少年法院，随后在 20 世纪初期，少年法院在全美迅速推广，至 1925 年，除哥伦比亚特区和其他两个州之外，所有州都建立了少年法院。同时，美洲、欧洲、亚洲的诸多国家也专门建立了少年法院，构建独立的未成年人司法制度。③ 然而，由于各国政治、经济、法律、文化等方面存在差异，未成年人司法的发展呈现不

---

① "处遇"一词是 treatment，traitement 等词的译词，它含有吸入、处理、对待、治疗等意思。罪犯处遇范畴伴随着刑事实证学派的产生而出现，并借助于刑罚个别化和行刑的改革运动而发展。本书中的处遇应做广义上的理解，主要是指国家和社会如何对待和处理罪犯，包括程序层面与实体层面的处理，前者包括在审前、审判中与审判后阶段对犯罪嫌疑人、被告人的对待方式，后者包括监禁刑和非监禁刑的适用，在监狱内进行改造的处遇形式或将罪犯置于社区环境对其进行改造的处遇形式。

② 此处的"转处"为最朴素的字面含义，是从未成年人司法体系的层面出发的解读，也即其第一层含义，详述于第一章。

③ 张文娟：《中美少年司法制度比较研究》，法律出版社 2010 年版，第 5 页。包括英国、加拿大、瑞士、法国、比利时、匈牙利、克罗地亚、阿根廷、奥地利、印度、荷兰、马达加斯加、日本、德国、巴西和西班牙等国家。

同态势，有的国家未成年人司法与刑事司法依然胶着尚未分离，有的国家移植"美国模式"发展独立的未成年人司法，有的国家则在借鉴和批判"美国模式"的基础上探索出不同的未成年人司法模式。然而，不论未成年人司法处于何种阶段，或发展趋向何种模式，转处均是其核心与关键，换言之，未成年人司法的历史或许可以称之为一部未成年人转处的历史。

少年法院的成立意味着未成年人司法意识的觉醒，而转处主义提供了少年法院的正当化依据。少年法院将有关儿童的新观念与社会控制的新策略予以融合，并由此创设出一种用以代替刑事司法的司法模式，将儿童从成年人刑事程序中转移出来。

1988 年世界上第一个少年法院成立之前，刑事立法及司法对未成年人"一视同仁"，未成年人与成年人毫无区分地被侦查、起诉、审判并关进监狱。他们未必清楚自己的行为在法律层面的后果，也未必带有与生俱来的恶，冷峻的刑事司法便将他们从犯罪前恶劣的生活环境推入更恶劣的生存环境；未成年人在充斥着恶念与犯罪的新环境中了解并习得恶，他们在成年罪犯的"指导教育"下锻炼自己的犯罪能力与技巧。国家教会了单纯少年如何犯罪，而且成果颇丰。[①] 威廉·斯特德（William Stead）甚至认为警察局是"儿童奔赴犯罪的学前班"。[②] 由此可见，转处主义是指导少年法院成立并促使未成年人司法从刑事司法中分离出来的核心理念，然而也存在另一种可能性，即社会经济发展、福利运动和儿童地位变迁等因素自下而上推动少年法院的孵化，在其溯求正当性理由时，转处主义成为最佳选择。

自少年法院诞生一个多世纪以来，未成年人司法体系发展并非一路坦途，在某些特定的时期其表象已经背离创设的初衷，一些未成年人司法的实践甚至与相关法律和政策的规定大相径庭。然而，从事物活动的规律来看，发展道路总是曲折的，未成年人司法转处在与周边环境和条件的碰撞下呈现出不同特征与形式，并自我修正与完善，在未成年人司法发展的不同阶段，或以理念形式，或以改革方式，或以制度形态参与其中，巩固了其在未成年人司法制度构建与发展前进中的核心地位。

转处不仅是衡量一国未成年人司法发展状况的重要指标，而且是国际刑

---

① Richard S. Tuthill, *History of the Children's Court in Chicago*, in *Children's Courts in the U. S.: Their Origin, Development, and Result.* AMS Press, 1904.

② William T, Stead, *If Christ Came to Chicago*, Chicago Historical Bookwork, 1990.

事司法与未成年人司法准则中的基本要求，正如 1989 年《儿童权利公约》第 40 条第 3 款①和第 4 款②所明确规定的内容。1985 年《联合国少年司法最低限度标准规则》（北京规则）第 11 条③对转处进行了明确规定。我国未成年人司法虽然尚未独立于刑事司法，但作为《儿童权利公约》的签约国，应当认真履行所承诺的国际义务，重视转处精神，推动转处实践。此外，我国 2012 年《刑事诉讼法》设立的未成年人专章在条文有限的背景下新增十一条基于未成年人特殊性考量下的具体规则，如社会调查、合适成年人制度、犯罪记录封存等制度，其中用三个条文的篇幅规定了附条件不起诉制度。附条件不起诉是转处的重要方式之一，足以体现我国未成年人司法对转处的重视程度。近年来，我国高度重视未成年人保护与犯罪预防问题，最高人民法院、最高人民检察院和地方司法机关不断推进未成年人司法工作，未成年人司法面临新良机，转处理念、实践与制度理应在我国有更广阔的发展空间。

本书关于未成年人司法转处的研究从理论上而言，较为全面地阐述了未成年人司法转处的概念、理论基础、目标和特征，有助于未成年人司法转处理念的推广，丰富我国未成年人司法的基础原理，并指出了进一步完善的方向；从实践上而言，促进未成年人司法转处实践的开展，丰富实践形式并完善实体方案，为公安、司法机关工作人员提供了具体指引；从制度上而言，提出了未成年人司法转处制度建构的基本原则与具体路径，为未成年人司法的再实践提供完备的制度保障，充实了我国未成年人司法的制度体系。

☯ 二、研究现状

"转处（diversion）"一词从字面意思而言即"分流，转向"的意思。国

---

① "缔约国应致力于促进规定或建立专门适用于被指称、指控或确认为触犯刑法的儿童的法律、程序、当局和机构，尤应在适当和必要时，制定不对此类儿童诉诸司法程序的措施，但须充分尊重人权和法律保障。"

② "应采用多种处理办法，诸如照管、指导和监督令、辅导、察看、寄养、教育和职业培训方案及不交由机构照管的其他办法，以确保处理儿童的方式符合其福祉并与其情况和违法行为相称。"

③ "酌情考虑处理少年犯时尽可能不提交主管当局正式审判""应授权处理少年犯案件的警察、检察机关或其他机构按照各法律系统为此目的规定的标准以及本规则所载的原则自行处置这种案件，无需依靠正式审讯。"

内学者的探讨也主要分为"司法分流"① 和"转处"② 两种说法，前者更尊重本意，直白易懂；后者取意于该项域外概念的丰富内涵，又区分为"转向处分"③ 和"转向处遇"④ 两派，均认为该概念由"转向"和"处分或处遇"两部分组成。然而，"司法分流"在刑事诉讼法领域内更常意指"程序分流""案件分流"的含义，并不能凸显未成年人司法的特殊性，而"转处"则较多用于未成年人刑事司法中⑤，故本书采用"转处"的说法。

1. 研究状况概述

在国内，除了台湾地区郭静晃与曾华源合著的《少年司法转向制度之因应》（洪叶文化有限公司 2000 年版）之外，别无专门研究未成年人转处制度的著作，专题论文也比较少见，转处内容的描述与分析在有关未成年人司法制度的成果中可见一二。

从研究成果的类型而言，主要包含以下三类。第一类是专门性研究成果。专门性研究成果是指以转处为主题或从转处的某一个视角切入所进行的专门研究，如台湾学者郭静晃、曾华源的《少年司法转向制度之因应》（洪叶文化有限公司 2000 年版）。在中国知网上以"未成年人"或"少年"与"转处"为关键词进行文献检索，共有 6 篇硕士论文，16 篇期刊论文，其中 5 篇发表于核心期刊，如盛长富的《纵论未成年人司法转处制度》，林维的《未成年人刑事司法转处理念研究》等；在中国知网上以"未成年人"或"少年"与"分流"为关键词进行文献检索，共有 5 篇硕士论文，28 篇期刊论文，其中 8 篇发表于核心期刊，如张鸿巍的《未成年人刑事处罚分流制度研究》，宋远升的《未成年人案件侦查分流机制的价值探微和比较考察》等。

第二类是附带性研究成果。附带性研究成果是指以未成年人司法制度或

---

① 张鸿巍：《未成年人刑事处罚分流制度研究》，载《中国刑事法杂志》2011 年第 6 期。

② 盛长富：《纵论未成年人司法转处制度》，载《河北法学》2014 年第 12 期；林维：《未成年人刑事司法转处理念研究》，载《吉林大学社会科学学报》2006 年第 6 期。

③ 沈银和：《中德少年刑法比较研究》，五南图书出版公司 1989 年版。认为"转向处分，简言之，即对于轻微犯罪之少年，不予审判，更不予处罚，而代以教育性之辅助措施"。

④ "转向处遇"即学者文章中提及的"转处"的全称。

⑤ 马丽亚：《未成年人刑事司法转处的国际准则与本土化思考》，载《湖北警官学院学报》2017 年第 1 期。

未成年人犯罪等为主题而附带对转处进行介绍与分析的研究，如钟勇、高维俭的《少年司法制度新探》，张文娟的《中美少年司法制度探索比较研究》（法律出版社 2010 年版），郭开元的《我国未成年人司法制度的实践和探索》（中国人民公安大学出版社 2014 年版）等。

第三类是非专著纯翻译性成果。如高维俭翻译的《少年司法的一个世纪》第五章"共同的思路：少年法院中的转处制度"，由美国学者富兰克林·E. 齐姆林（Franklin E. Zimring）创作，其在少年法院的目标与惩罚性内容的纠葛中梳理出转处理念与制度。高维俭、蔡伟文、任延峰翻译的《少年司法制度》（巴里·C. 菲尔德著，中国人民公安大学 2011 年版）介绍了未成年人司法相关的法律问题，第四章"将转处视为审前程序之一"予以介绍。国内有关转处的翻译性成果仅为书中某一章节，并没有专著类的翻译成果，也没有评述性的翻译成果。

从研究成果的内容而言，主要集中于未成年人司法转处制度的概念、适用条件及我国的不足与完善建议三个方面。第一，未成年人司法转处制度的概念。如何界定未成年人司法转处制度的概念是学界普遍关注的问题。学界通常从广义和狭义两个层面对其概念及内涵予以界定，然而这两个层面的区分则存在不同解释。有学者认为二者的区别在于未成年人司法转处制度的适用是否包括审判阶段，抑或仅限制于审前阶段。[①] 有学者认为广义的未成年人司法转处制度是指非司法化、非刑罚化、非监禁化的措施，狭义的是指诸如附条件不起诉之类的具体制度。[②] 第二，未成年人司法转处制度的适用条件。就未成年人司法转处制度如何落实于实践的依据而言，有学者认为，未成年人司法转处的适用对象为情节轻微的未成年初犯或偶犯，适用转处应征得未成年人及其家庭以及被害人的同意，同时签订转处协议。[③] 有学者认为，判断是否适用未成年人司法转处制度应遵循双重保护原则、法定情节和酌定情节相统一的原则以及法律效果和社会效果相统一的原则。[④] 第三，我国未

---

① 李卫红、王勐：《未成年人司法转处对刑事司法裁判权的侵入与阻断》，载《中国青年政治学院学报》2008 年第 4 期。

② 盛长富：《纵论未成年人司法转处制度》，载《河北法学》2014 年第 12 期。

③ 张鸿巍：《未成年人刑事处罚分流制度研究》，载《中国刑事法杂志》2011 年第 6 期。

④ 李卫红、王勐：《未成年人司法转处对刑事司法裁判权的侵入与阻断》，载《中国青年政治学院学报》2008 年第 4 期。

成年人司法转处制度的不足及完善建议。目前学界认为我国的未成年人司法转处制度主要存在执行转处制度的机构设置不科学、工作人员缺乏专业性、适用范围过于狭窄、法律规定过于笼统模糊等问题，而完善建议则与之对应，如合理设置执行机构、增强工作人员专业性、扩大适用范围、明确法律规定等。总体而言，目前我国学者关于未成年人司法转处的研究集中在制度层面，并对域外的实践与制度进行了一定的介绍，产出的研究成果丰富了有关未成年人司法转处的研究，同时满足了未成年人司法实践的需要。

2. 有待进一步研究的问题

针对现有的研究成果而言，我国学界对于未成年人司法转处的研究缺憾主要体现在：

第一，未成年人司法转处制度的研究不能完全等同于未成年人司法转处的研究。国内学者通常从制度层面切入研究未成年人司法转处，并未进行系统性研究，过于集中在转处的边缘问题，如刑事政策、少年犯罪、犯罪预防等方面。在专门性研究成果中，针对未成年人司法转处的分析探讨均仅从某一角度或侧面展开，或将附条件不起诉或非监禁等制度等同于未成年人司法转处进行研究，或将未成年人司法转处视为对未成年人进行处遇的措施或方案之一，或从理念或制度的层面对未成年人司法转处进行分析与阐释。附带性研究成果对未成年人司法转处的研究大多停留在初级描述与介绍的层面，篇幅通常较少且并未深入进行论述。国内有关转处的翻译性成果仅为书中某一章节，并没有专著类的翻译成果，也没有评述性的翻译成果。

第二，针对域外国家的未成年人司法转处的引介与研究不足。我国未成年人司法起步较晚，发展较缓，未成年人司法转处的理念与实践发展不足，但域外未成年人司法已经历经百年，未成年人司法转处理念、实践与制度的产生先于我国，积累了丰富的经验，也总结了一定的教训。有学者对未成年人司法转处在域外国家的实践或制度进行了一些描述与总结，但浅尝辄止并未深入探究其本质，如此便较难从中提炼出能够有助于我国未成年人司法转处发展的有益启示。

第三，我国的未成年人司法转处缺乏系统性的研究。未成年人司法转处具有重要意义，然而我国未成年人司法理论与实践领域并未对其给予足够的重视，提及未成年人司法转处时似乎总是点到为止，将我国语境下的未成年人司法转处或等同于附条件不起诉制度或等同于非司法化、非刑罚化、非监禁化措施，未展开系统性、全方位的研究。

域外对转处的研究同样表现出前述的问题。如 G. Larry Mays 与 L. Thomas Winfree 合著的《少年司法》（Juvenile Justice，2012）仅对转处项目（diversion programs）进行了介绍与分析。Robert W. Taylor，Eric J. Fritsch 和 Tory J. Caeti 所著的《少年司法：政策，计划和实践》（Juvenile justice：policies，programs，and practices，2002）将转处仅视为少年司法的程序与试验计划。

因此，未成年人司法转处这一课题存在较大的研究空间。本书参考丰富的外文文献，以期尽可能全面地揭示域外未成年人司法转处的发展历程与全貌，并进行总结、反思与借鉴；梳理我国未成年人司法转处的现状及存在的问题，以期进行未成年人司法转处的中国构建。

三、术语之辨

子曰："为政之道，必先正名，名不正则言不顺，言不顺则事不成。"由于本书是中外双重语境下对同一事物的研究，域外与我国对所涉及的一些术语目前均缺乏共识性的界定，故加以辨析后，根据本书需要确定选择的术语。

（一）主体术语之辨：儿童、青少年、少年、未成年人

1. 儿童

《联合国儿童权利公约》以"儿童"来描述 18 周岁以下的人。[①] 但是，在汉语语境下，儿童与未成年人的含义相去甚远。根据《现代汉语词典》中的解释，儿童是指比较幼小的未成年人，以此层面展开解释，未成年人当然包括儿童，然而"儿童"在我国语境下却不足以代表"未成年人"。"儿童"一词在我国刑事法领域出现频率较多的是实体法中关于侵犯儿童人身权利的各种罪刑，例如"拐卖妇女、儿童罪和猥亵儿童罪"等，而很少在关涉公权力处理和保护儿童问题上被使用。

---

① 《联合国儿童权利公约》原文："For the purposes of the present Convention, a child means every human being below the age of eighteen years unless under the law applicable to the child, majority is attained earlier. "

2. 青少年

20 世纪 70 年代以来，国内学者，尤其是在刑法学研究中，通常使用"青少年"一词，将该类群体界定为十四周岁以上不满二十五周岁的人。实务中，公安部门对青少年按照 14 至 25 岁的标准进行统计。① 但因"青少年"所涵盖的年龄区间并无规范性文件予以明确，同时法律只针对"青少年"中的部分群体即未满十八周岁的人规定了特殊的刑事政策与程序权利，故法律学界普遍认为"青少年"并非法学定义中应当使用的观点，而更像是一个社会学概念。② 近些年所出版的法学学术著作中，使用"青少年"这一概念的日益鲜见。③ 有关未成年人保护与犯罪预防的法律、行政法规、司法解释及部门规章已几乎摒弃"青少年"一词，而使用"未成年人"这一术语。

3. 少年

有学者认为少年是青少年中的未成年人，即十四周岁以上未满十八周岁的人。④ "少年"一词在刑事语境中的适用的确兴盛一时，新中国成立前已有相关译作与著作使用"少年"一词，成立后该词被广泛适用于违法犯罪情境中⑤，并在 20 世纪七八十年代形成"少年犯""少年法庭""少年管教所"等一套特定术语。对域外著作的翻译也均使用"少年"一词，如高维俭翻译的《美国少年司法》，《少年司法制度》等著作。联合国相关文件的翻译也采用"少年"这一术语，如 1985 年的《联合国少年司法最低限度标准规则（北京规则）》、1991 年的《联合国预防少年犯罪准则（利雅得准则）》等。

4. 未成年人

20 世纪 90 年代以来，法律领域开始较多地适用"未成年人"一词，甚至有代替"少年"一词之势。《现代汉语词典（第 6 版）》对"未成年人"的解释是"法律上指未达到成年年龄的人，即 18 周岁以下的人"。就理论术

① 莫洪宪：《中国青少年犯罪问题及对策研究》，湖南人民出版社 2005 年版。

② 佟丽华：《中国未成年人保护与犯罪预防工作指导全书（第一卷）》，光明日报出版社 2002 年版。

③ 姚建龙：《少年刑法与刑法变革》，中国人民公安大学出版社 2005 年版。

④ 姚建龙：《少年刑法与刑法变革》，中国人民公安大学出版社 2005 年版。

⑤ 姚建龙：《少年刑法与刑法变革》，中国人民公安大学出版社 2005 年版。

语而言，通常认为未成年人是一个含义明确的法学用语。① 就法律用语而言，《未成年人保护法》第二条明确规定了未成年人是指未满十八周岁的公民，并且我国民法、刑法、程序法等中均使用"未成年人"一词。同时《预防未成年人犯罪法》《未成年人保护法》适用的也是"未成年人"一词。

5. 本书的立场

主体术语之辨最需要重视的是"少年"与"未成年人"之辨。就我国理论研究与法律实践而言，两者均享有广阔的适用空间。"少年"一词的确更能凸显主体的"成长性、矛盾性、易越轨性、易受环境影响性，以及部分具备责任能力性"，并且与排除了不在法律范畴内考虑的"儿童"阶段，然而其难以走出涵盖年龄阶段不清的困境。"未成年人"一词是正统的法律术语，含义明确且与其他法律具有更好的衔接性与系统性，但与建构独立的未成年人司法体系的目标相比，其的确缺少法律术语的特殊性与专门性。

本书采"折中法"，将"法院""法庭"冠以"少年法院""少年法庭"之名，其余均使用"未成年人"一词。采用"少年法院（庭）"一词的原因如下：其一，我国"少年法庭"从 1984 年诞生至今一直为审理未成年人案件的主流形态。至 2022 年 2 月全国共设立 2181 个少年法庭，2021 年 3 月，最高人民法院成立少年法庭工作办公室。其二，"少年法庭"在相关法律及司法解释中为主流术语。如最高人民法院《关于加强新时代未成年人审判工作的意见》第 5 条②的规定。其三，"少年法庭"符合域外相关内容与翻译习惯。如 2010 年的《牛津高阶英汉双解词典（第 7 版）》将 "juvenile court（a court that deals with young people who are not yet adults）" 的中文解释确定为"少年法院，少年法庭"。同时，将域外相关法律也翻译为"少年法"或"少年法院法"。根据学术研究与法律实践习惯，针对机构时采用"少年法院（庭）"这一术语，针对制度时则采用"未成年人审判制度"这一术语，其余统一使用"未成年人"一词。

---

① 钟勇、高维俭：《少年司法制度新探》，中国人民公安大学出版社 2011 年版。

② "深化涉及未成年人案件综合审判改革，将与未成年人权益保护和犯罪预防关系密切的涉及未成年人的刑事、民事及行政诉讼案件纳入少年法庭受案范围。少年法庭包括专门审理涉及未成年人刑事、民事、行政案件的审判庭、合议庭、审判团队以及法官。"

此外，因"转处"需要在"刑事司法"与"未成年人司法"两个法律语境之下探讨其实质内容与模式形态，尤其在中国特殊的法律语境下对此予以分析研究更为重要，将涉及实体法、程序法以及其他法律制度等诸多方面，"未成年人"一词有利于中文读者理解域外的理论研究成果与法律实践，并在中外对比的语境下跟随笔者共同探索作为未成年人司法核心的转处。

（二）行为术语之辨①

1. 纯粹词义之辨

在中外未成年人司法语境下，对未成年人行为进行描述的词语通常都有"犯罪""违法""触法""越轨"，不同的专著及译著中均使用过前述术语。

（1）犯罪

在中国未成年人司法语境下，根据《中华人民共和国刑法》（以下简称《刑法》）的规定，犯罪是指已满十四周岁不满十六周岁的人，实施的"故意杀人、故意伤害致人重伤或者死亡、强奸、抢劫、贩卖毒品、放火、爆炸、投放危险物质罪的"行为，已满十二周岁不满十四周岁的人，实施的"故意杀人，故意伤害罪，致人死亡或者以特别残忍手段致人重伤造成严重残疾，情节恶劣，经最高人民检察院核准追诉的"行为，以及已满十六周岁不满十八周岁的人实施的刑法所禁止的行为。

（2）违法

就字面含义而言，违法似乎包括违反刑法之义，但"违法"一词通常与犯罪并用，即"违法犯罪"。故违法是指违反《治安管理处罚法》的行为，一般不用于特指具有某种共同特征的未成年人群体。

（3）触法

"触法"一词多出现在学术作品中，如狄小华、刘志伟主编的《恢复性少年司法理论与实践》（群众出版社 2007 年版），高冰所著的《未达刑事责任年龄未成年人保护处分制度构建》（《人民检察》2016 年第 14 期），以及阿部宏弥、王关中所著的《日本青少年犯罪近况》（《西北政法学院学报》1984 年第 2 期）等。然而，在中外不同语境下，该词具有不同的含义。我国

---

① 由于有关行为的术语所涵盖的范围与边界不同，故无法择一而用，本书根据语境与具体内容适用最佳术语。

通说认为触法是指即使没有达到刑事责任年龄的未成年人，只要实施了某种行为或具有某种特征就视为"触法"。在日本，触法即指没有达到刑事责任年龄的未成年人实施了刑法所禁止的行为，域外未成年人司法体系通常会对触法行为进行处遇。①

（4）越轨

有的学者也将"juvenile delinquency"翻译为"越轨行为"，将"delinquent juvenile"翻译为"越轨少年"。② 越轨最为基本的观点是，从统计学角度出发，任何偏离平均水平或平均值过多的现象都可以在统计学上被定义为偏差。③ 当统计人员分析一项农作物实验结果时，其会把那些茎部平均值过长或过短的作物评判为有明显偏差。同样，人们可以将异于寻常状态的事物或人视为是有偏差的。④ 此外，还有一种社会学观点认为越轨是指不遵循群体的规范，群体在形成或发展过程中会逐渐制定统一的规范或标准对其成员的行为进行约束，具体的规范或明确标准有助于判断其成员遵守或违背，若不遵守或违背规范则可定义为越轨。社会群体通过制定规范使那些不符合此规范的行为成为"越轨"。越轨行为也是指被冠以类似标签的行为。⑤ 故"越轨"这一术语常用于犯罪学、社会学中。

"偏差（常）"与"越轨"含义相同，但其通常是指认知或心理层面的偏差（常），一般多用于教育学、心理学与社工学中。

---

① 俞宁、姜红：《初次触法少年耻感意识研究：基于自我的反身性思考》，合肥工业大学出版社 2013 年版。

② 钟勇、高维俭：《少年司法制度新探》，中国人民公安大学出版社 2011 年版。

③ "deviance"在统计学上意为"偏差"，在社会学及更广义层面上意为"越轨"。

④ ［美］霍华德·S. 贝克尔：《局外人：越轨的社会学研究》，张默雪译，南京大学出版社 2011 年版。

⑤ Frank Tannenbaum, *Crime and the Community*, Columbia University Press, 1957. E. M. Lemert, *Social Pathology* McGraw – Hill Book Co. , 1957.

表 1 中英文对照下的词义辨析

	《韦氏高阶美语英汉双解词典》 2006年版	《牛津高阶英汉双解词典（第7版）》 2010年版	《阿林斯英汉双解学习词典（精编版）》 2007年版	《英汉法律词典（第三版）》 2008年版	《牛津法律大辞典》 2003年版
crime	an action considered harmful to the public good and legally prohibited 罪，罪行	activities that involve breaking the law 犯罪	an illegal action or activity for which a person can be punished by law 犯罪活动；罪行	犯罪；罪（行）；罪恶；憾事，耻辱事	一般说来，只要一种行为威胁到社会的安全，安宁或正常秩序，即会被认定为犯罪。
offense	a violation or breaking of a social or moral rule; a crime or act of breaking the law; misdemeanor 违法（行为），犯罪	to commit an offense 犯罪	a crime that breaks a particular law and recuires a particular punishment 违法行为；罪行	1. 犯法（行为）；罪过，过错；罪行（英国法中这个词一般指公共错误行为，不仅指刑事罪行或可检控的罪行，还包括那些用简易程度审判的罪行）2. 攻击，冒犯；侮辱	违法行为 该词没有确定的或技术上的含义，只表示违背，触犯并受惩于法律的行为，特别犯罪而不是普通法定罪制定罪的行为，违法通法定制定罪而不是普通法，后者常被称为犯罪，违法专门指通过简单审判予给予惩处的行为。犯罪和违法存在于词语的习惯区别存在于词语的习惯表达方面，而非法律定义的问题。因此，有时该术语是指"破坏交通的违法行为"。

	《韦氏高阶美语英汉双解词典》2006年版	《牛津高阶英汉双解词典（第7版）》2010年版	《柯林斯英汉双解学习词典（精编版）》2007年版	《英汉法律词典（第三版）》2008年版	《牛津法律大辞典》2003年版
delinquent	a person who is delinquent 罪犯（尤指青少年犯）	delinquency: bad or criminal behavior, usually of young, people（常指青年人的）犯罪，违法行为	delinquency: criminal behavior, especially that of young people（尤指青少年的）违法行为，犯罪 delinquent: Someone, usually a young person, who is delinquent repeatedly commits minor crimes（通常指青少年）常有违法行为的，屡犯轻罪的	罪犯（尤指青少年犯）；违法者；有/有过失的，违法的；过期未付的，失职的，拖欠的	实施犯罪，未成年人犯罪，实施各种犯罪，有时指实施轻罪。术语"juvenile delinquency"指由儿童或年轻人实施的犯罪的总称。
deviant	a person or thing that deviates 反常者，不正常者；离经叛道者；deviation: behavior that differs or departs from what is considered and accepted as normal or standard 不正常的性行为（尤指变态的性行为）；an example of differing from what is expected; a change 偏差；改变	different from what most people consider to be normal and acceptable 不正常的；异常的；偏离常轨的	deviant behavior or thinking is different from what people normally consider to be acceptable 偏离常轨的；反常的	不正常的人（或物），异常的人（或物）/不正常的，异常的	

2. 未成年人司法语境下行为之辨

鉴于本书需要，仅对未成年人司法的调整范畴，即少年法院的管辖范围予以明晰。从法学和法律的角度，英美法系国家通常把未成年人罪错行为（juvenile delinquency①）笼统地界定为由未成年人实施的、能够导致未成年人司法体系反应（reaction）的行为。这种界定既是准确的又是模糊的，由于各国各地区未成年人司法制度的差异，未成年人罪错的内涵实际上存在着很大差别。英美法系国家法律所界定的未成年人罪错的内涵十分广泛，但有一个共同特点，即不仅限于刑法犯罪，而是包括其他违法行为、虞犯行为等，并均将这些行为纳入少年法的调整范围。

德国《少年法院法》第1条规定，少年法院管辖的案件类型仅限于少年刑事犯罪案件，即已满14周岁不满18周岁的人实施的犯罪行为。日本少年"刑法"具有综合英美国家与德国等大陆法系国家少年刑法的特点。日本把少年罪错称为少年非行，不论从形式或内容上均体现出其特殊性。根据日本《少年法》第3条第1款的规定，少年非行包括三类行为：一是犯罪行为；二是未满14周岁触犯刑罚法令的触法行为；三是有犯罪之虞的虞犯行为。②关于少年的年龄范围，日本《少年法》亦有明确规定，即指未满二十岁的人（《少年法》第2条第1款）。根据中国香港《法例》第一百二十六章之《少年犯条例》（2003年修订）规定，少年法庭有权对儿童或少年实施除了杀人之外的任何行为进行管辖。可见，中国香港法律中的少年罪错行为从表现上来看，也严格限制在犯罪的范畴之内。中国台湾少年"刑法"对于少年罪错的界定也不仅仅限于少年犯罪。根据"少年事件处理法"第3条规定，由少年法院处理的案件，一是实施了违反刑法规定的行为的少年，二是行为符合

---

①　《美国传统英语字典（第五版）》解释为：未成年人实施的违背社会公德的行为或犯罪行为。（Antisocial or criminal behavior by juveniles）。《柯林斯英英词典》解释为：未成年罪错人实施的违背社会公德和犯罪的行为。（Antisocial or criminal conduct by juvenile delinquents）

②　具有不服从保护人正当监督恶习的；没有正当理由离家出走的；同具有犯罪性质或不道德的人交往，或者出入可疑场所的；习惯做有害自己或他人品德行为的。

法律规定的情形,[①] 且根据其性格和周边环境判断有违反刑法规定的可能的少年。少年是指十二岁以上未满十八岁之人（"少年事件处理法"第2条）。可见，中国台湾少年"刑法"上的少年罪错包括少年犯罪和少年虞犯两种行为。从少年罪错的法律后果来看，少年法院可对罪错行为的少年给予保护处分和刑罚，但实行保护处分优先于刑罚原则。[②]

第二节　研究思路与方法

 一、研究思路

当观察对象是一项发展较为成熟的客观事物时，人们往往直观地认为其理念、实践与制度，甚至包括制度建成后的再实践难以分割地共同组成了该项事物的全貌，此乃"结果视角"。若以"过程视角"对某事物的演进历程进行梳理，则可能会发现其理念、实践与制度能够相对剥离分解，如此更有助于阐明该事物的整体形态与内容。域外未成年人司法转处的发展脉络较为清晰且已走过百年有余，在未成年人司法向前推进的过程中，转处的形式与内涵不断丰富，基本可以总结为起源于理念，形成于实践，丰富于制度。因此，本书从理念、实践与制度三个维度切入较为系统完整地阐明其本质并予以总结，或反思不足之处，或提出有益借鉴。

未成年人司法转处始于理念，未成年人司法转处理念是研究的起点也是重点。少年法院或未成年人司法制度的产生原理十分简单：改革者认识到刑事司法对未成年人造成的消极影响，故将未成年人从刑事司法中分流出来并单独处理。因此，少年法院或未成年人司法制度的正当化依据则为转处理念。不论是在已经有独立建制的未成年人司法的国家中抑或在未成年人司法尚未独立的国家中，转处理念均是未成年人司法建立与发展的重要根据，可

---

① 经常与有犯罪习性之人交往者；经常出入少年不当进入之场所者；经常逃学与有犯逃家者；无正当理由经常携带刀械者；吸食或施打烟毒或麻醉药品以外之迷幻物品者；有预备犯罪或犯罪未遂而为法所不罚之行为者。

② 姚建龙：《少年刑法与刑法变革》，中国人民公安大学出版社2005年版。

以被称为是未成年人刑事司法的核心理念。

未成年人司法转处理念发展的产物是实践，实践是理念的归宿与价值的体现。就未成年人司法发展的理想模式而言，未成年人司法转处理念的第一次实践是少年法院的成立，即将未成年人从刑事司法中予以转移，置于未成年人司法的语境下进行处遇。第二次实践是指将未成年人从成年人司法中转移出来并进行处遇。然而，由于多重复杂因素的影响，各国未成年人司法发展的速度与程度各不相同，其未成年人司法转处实践并不一定能够按照理想状态进行，在诸多国家第一次与第二次实践是同时进行的，即在迈向独立的未成年人司法的同时，试图将未成年人从正式的司法体系中转出并予以处遇，例如我国未成年人司法转处实践的发展就具有典型意义。因此，未成年人司法转处实践的内容与含义广泛而丰富，使得未成年人减少或避免遭受正式司法程序所带来的不良影响并促使未成年人顺利回归社会的探索，均在未成年人司法转处实践范畴之内。作为一种理念，未成年人司法转处的内容具有稳定性与共通性。未成年人司法转处实践在不同的时期、不同的国家，甚至不同的诉讼阶段均呈现出不同的内容与特征。

未成年人司法转处制度的形成并非一蹴而就，不同国家处于实践向制度演进历程的不同阶段。未成年人司法转处的理念、实践和制度呈递进推动的发展趋势，当制度形成，三者相互影响、促进以及深化，均得到了丰富与发展。在未成年人司法制度建构较为完善的美国，未成年人司法转处制度的发展也相对成熟。例如，华盛顿州拥有一部建构和规范转处程序的综合性法律。有的国家已经建立了独立的未成年人司法，但目前尚未建立未成年人司法转处制度。如在柬埔寨，转处是一个比较新的概念，目前还没有关于转处的正式法律。联合国通过的国际司法准则中有关未成年人司法转处的规定，集各国转处实践与制度发展的丰富经验与普适内容于一体，基本上能为未成年人司法转处勾勒出一个较为周延的体系。基于域外制度与国际准则制度考察，可以梳理出未成年人司法转处制度应具备的基本特征、应遵循的基本原则以及应涵盖的基本内容。

在对域外未成年人司法转处的理念之维、实践之维与制度之维进行描述、总结、反思及借鉴的基础上，本书最后聚焦中国未成年人司法转处的建构，梳理具有中国特色的理念、实践与制度的现状与问题，明晰当前面临的挑战与机遇，对比分析未来发展方向的两条路径，从而明确我国未成年人司法转处制度构建的具体安排。

🌱 二、研究方法

在研究过程中，本书使用了以下研究方法：

第一，文献分析。未成年人司法转处是未成年人司法领域内的课题之一，然而我国的未成年人司法现仍属刑事司法尤其是刑事诉讼法领域的课题之一，故国内文献数量不是特别多，国外的研究成果更为丰富，故笔者查阅了国内有关未成年人司法转处的相关著作、期刊论文或硕博士论文成果四十余部（篇）以及域外相关文献资料一百六十余部（篇），并在此基础上总结分析现有的研究程度与深度，确定本书的研究方向与切入点。

第二，历史分析。世界上第一个少年法院诞生于美国，这正是未成年人司法转处理念的产物。未成年人司法转处理念与未成年人司法的发展密切相关，美国未成年人司法经历了三个特征显著的历史阶段，即传统阶段、正当程序阶段以及惩罚模式阶段，通过对这三个阶段的未成年人司法转处理念的分析，能够穿过层层表象，剥离混沌的历史环境，解读出未成年人司法转处理念的真正含义与具体内容。

第三，比较研究。美国是未成年人司法转处诞生之地，随后其以不同的形态传播到其他国家，未成年人司法转处已经传播、适用并发展一百余年。未成年人司法转处在不同的国家与不同的法律传统碰撞磨合，具有不同的特征。在本书第三章和第四章，对美国、加拿大、澳大利亚、荷兰、东南亚等国家和地区的未成年人转处实践与制度进行了描述、归纳与总结，以期通过比较研究获得对我国实践与制度的启示。

第三节　研究的中国语境

我国拥有世界上最大规模的未成年人群体，未成年人违法犯罪行为的处遇成为新时代司法领域面临的重要课题之一。同时，由于特殊的政治、经济、文化、历史以及法律传统等因素的影响，我国的司法及其制度极具中国特色，与国外的司法内涵相较，我国的司法含义较为保守，这一特点在未成年人司法领域表现得更为突出。域外未成年人司法（juvenile justice）往往包含行政、福利、教育与保护等内容。在我国，未成年人司法则被限定在狭义的层面，主要是指公安、司法机关对未成年人的处遇过程与结果。我国未成年人司法之特色表现在诸多方面，同时也是后者造就了前者，故在我国展开未成年人司法转处研究之前，应当对我国未成年人司法的结构与内容予以澄清与阐明。

一、中国特色的未成年人司法体制

未成年司法转处研究的理想背景是独立的未成年人司法，或有配备专业工作人员的专门司法机构，或有专门的未成年人法律法规，或有提供多元化服务的社会组织，或有以儿童最佳利益和福利为根本考量的理念等。通说认为，我国尚未建立独立的未成年人司法，我国的未成年人司法仍然依附于刑事司法，故常被称为"未成年人刑事司法"；部分未成年人违法案件由行政机关负责处理，针对未成年人违法犯罪行为处遇的司法一体化机制并未建立。因此，就严格的司法层面而言，我国未成年人司法的独立性不足；就理想的司法层面而言，我国未成年人司法的范围过窄。自未成年人相关司法组织机构成立或相关法律法规出台以来，我国有关未成年人司法的理论研究与实践探索从未停歇，从而形成现有的独具特色的未成年人司法体制。[①]

（一）基本特征

我国的未成年人司法体制仍处于起步阶段，加之我国特殊的法律文化传统，呈现出以下特征：

一是依附于刑事司法。我国未成年人司法体制对刑事司法的依附性主要体现在两个方面，一方面是没有诸如德国《少年法院法》或日本《少年法》等专门的未成年人法律法规，只能在《刑法》《刑事诉讼法》及相关的司法解释中寻得条文数量不多的法律依据。未成年人刑事案件的司法程序应考虑未成年人特殊的身心特点，实体结果"从轻或减轻"，除此之外与成年人刑事案件的处理并无太多实质性的差别。另一方面是没有类似于少年法院等完全独立于办理成年人案件机构的组织机构，我国诸多地区办理未成年人案件的公安机关、检察机关和法院仍在同时办理成年人案件。

[①] 本书在中国语境下探讨的未成年人司法均为就现状而言所归纳的特色的未成年人司法。

二是正当程序色彩较重。在诸如美国等国家，由于受到国家亲权理论的影响，少年法院担任的是"国家监护人"的角色，以未成年人的最佳利益和福利为考量，故在未成年人司法起源之初，其鲜明特点之一即少年法院处理未成年人案件程序的非正式性。之后针对未成年人司法缺乏对未成年人正常程序保障的反思越来越有影响力，故通过数个判例确立了未成年人的各项程序权利。我国未成年人司法直接从刑事司法中衍生而来，就整体的发展进程而言，仍处于"未成年人刑事司法"的阶段，必然在诸多方面体现出刑事司法的特征。现代刑事司法的标志之一即确立正当程序原则，强调正当程序的价值。我国2012年《刑事诉讼法》修改的核心思路便是"丰富和完善正当程序，尊重和保障人权"，因此在刑事司法的背景下，我国未成年人司法对未成年人的保护主要表现为重视其程序权利的保障，正当程序色彩鲜明，福利理念较为缺乏。

三是社会支持力量不足。刑事司法的根本目的是惩罚犯罪，故其对刑事案件的处理本质上是一套由内部组织机构依据既定的程序进行运作的逻辑自洽的机制，主体具有较强的单一性和专业性。而未成年人司法的根本目的是教育矫治未成年人并促使其回归社会，因此对未成年人案件的处理并非单纯诉讼程序的推进，而是一项需要司法内外的组织机构共同参与、协调联动并发挥不同作用的综合系统工程。社会力量的支持对于未成年人司法体制的高效运行至关重要。我国未成年人司法脱胎于刑事司法，对于社会支持力量参与未成年人司法的重要性认识不足。同时，我国提供心理咨询、评估等与未成年人司法密切相关的社会服务的机构和人才严重不足，且主要集中在经济较为发达的地区，地域发展极不平衡，专业性不高，难以有效参与到未成年人司法过程中，并未形成规范的社会支持体系。

（二）组织机构

根据未成年人司法程序的不同阶段，未成年人依次接触到的组织机构为公安机关、未成年人检察机关和少年法庭。通过组织机构的名称便可对其一般特点略窥一二，即未成年人警务发展迟缓，未成年人检察和审判机关发展较为同步，但用语有所区别。

警察作为我国的治安管理和刑事侦查力量，在应对少年罪错过程中，既是与涉嫌罪错少年最早的接触者，也是对涉嫌罪错少年影响最大的人；既处于整个处理罪错过程中最为封闭的环节，也处于对如何处理少年罪错享有最大自由裁量权的阶段。① 在处理未成年人案件过程中，公安机关不仅承担侦查、拘留、执行逮捕、预审等与成年人案件中相同的职能，更重要的是还应当发挥教育、感化、挽救和保护未成年人的作用，而后者对公安机关的专门化与工作人员的专业性提出了较高要求。1991 年最高人民法院、最高人民检察院、公安部、司法部下发的《关于办理少年刑事案件建立互相配套工作体系的通知》② 和同年颁布的《未成年人保护法》（2006 年、2012 年、2020 年三次修订）③，1995 年公安部印发的《公安机关办理未成年人违法犯罪案件的规定》④，1998 年公安部颁发的《公安机关办理刑事案件程序规定》，⑤ 2018 年修订的《刑事诉讼法》⑥ 对少年警察的专门化作出了明确规定。

少年警察的司法实践始于 1986 年，跟随上海市长宁区少年法庭的步伐，长宁区公安局成立了我国第一个少年嫌疑犯专门预审组，1994 年又成立了我国第一个少年嫌疑犯审理科，但在刑事侦查制度由侦审分开改革为侦审合一后，就没有专门从事未成年人案件刑事侦查的警察了。⑦ 直到 2004 年上海市杨浦区公安局专门成立了未成年人案件审理组，2013 年广西壮族自治区钦州

① 狄小华：《中国特色少年司法制度研究》，北京大学出版社 2017 年版。

② "对少年人犯案件的侦查、预审工作，公安机关应确定专门办案人员或者侧重办理少年人犯刑事案件的人员，有条件的地方，也可设立专门机构。对少年人犯的讯问要采取不同于成年人的审讯方式、方法，在讯问中应进行耐心细致的教育、疏导工作；了解少年人犯作案的动机和成因，并记录在案，以便积累资料，总结经验，改进工作。"

③ 第 101 条规定："公安机关、人民检察院、人民法院和司法行政部门应当确定专门机构或者指定专门人员，负责办理涉及未成年人案件。办理涉及未成年人案件的人员应当经过专门培训，熟悉未成年人身心特点。专门机构或者专门人员中，应当有女性工作人员。"

④ 第 6 条规定："公安机关应当设置专门机构或者专职人员承办未成年人违法犯罪案件。办理未成年人违法犯罪案件的人员应当具有心理学、犯罪学、教育学等专业基本知识和有关法律知识，并具有一定的办案经验。"

⑤ 第 319 条规定："公安机关应当设置专门机构或者配备专职人员办理未成年人刑事案件。未成年人刑事案件应由熟悉未成年人身心特点，善于做未成年人思想教育工作，具有一定办案经验的人员办理。"

⑥ 第 277 条规定："人民法院、人民检察院和公安机关办理未成年人刑事案件，应当保障未成年人行使其诉讼权利，保障未成年人得到法律帮助，并由熟悉未成年人身心特点的审判人员、检察人员、侦查人员承办。"

⑦ 刘东根：《试论我国少年警察制度的建立》，载《北京科技大学学报》（社会科学版）2008 年第 4 期。

市公安局钦南分局成立了全国首家具有独立编制的未成年人警务科，2014 年北京市海淀区公安局预审大队未成年案件审查中队成立。除此之外，一些省市也在公安机关成立了专门办案组或指定了专门的人员办理未成年人案件，如 2016 年 11 月，江苏省淮安市公安局发文要求市县两级公安机关组建"未成年人案件专门办案组"。2016 年 9 月、10 月，江苏省江阴市、云南省昆明市盘龙区分别举行了专门的少年警务培训班。由此可见，公安机关办理未成年人案件的专门机构主要集中在上海、北京等经济较为发达的地区，其他省份对未成年人警务工作的积极性并不高，地域发展极不平衡，总之，有关未成年人警察的立法与实践仍处于起步阶段且发展缓慢。未成年人司法的发展需要专门的未成年人警察，而未成年人警察的发展状况又会促进或制约未成年人司法的进步。我国未成年人警察发展所面临的困境和障碍主要包括以下几个方面：一是未成年人警察机构专门化的动力不足。公安机关打击经济犯罪、恐怖主义等重大犯罪与维护治安的任务繁重，而未成年人违法犯罪案件在刑事案件中的占比不高①，以致难以引起公安机关的重视。二是未成年人警察机构专门化的依据不明。我国的警察类别因所属的系统进行第一层次的划分，因具体职能进行第二层次的划分，未成年人警察这一类别难以根据这两个标准划分。三是未成年人警察机构专门化的定位不清。在处理未成年人案件时，除了侦查案件事实，应当有熟悉未成年人身心特点的警察对其进行教育和保护，预防再次犯罪。未成年人警察职能定位的多元化要求机构的专门化和工作人员的专业性。

未成年人检察机构的建设经历了一个逐渐蓬勃发展的过程。② 1986 年，上海市长宁区人民检察院率先成立了少年案件起诉组，实行未成年人犯罪案件与成人犯罪案件分开办理。1990 年底，上海市多数区县检察院也相继成立少年起诉组。1992 年，最高人民检察院在当时的刑事检察厅成立了少年犯罪检察工作指导处。同年 8 月，上海市虹口区人民检察院成立了未成年人刑事

---

① 国家统计局官网发布 2016 年《中国儿童发展纲要（2011－2020 年）》统计监测报告，报告称，未成年人犯罪率持续降低。2016 年，全国未成年人犯罪人数为 35743 人，比 2010 年减少 32455 人，减幅达 47.6%。未成年人犯罪人数占同期犯罪人数的比重为 2.93%，比 2010 年下降 3.85 个百分点。青少年作案人员占全部作案人员的比重为 21.3%，比 2010 年下降 14.6 个百分点。

② 张寒玉、陆海萍、杨新娥：《未成年人检察工作的回顾与展望》，载《预防青少年犯罪研究》2014 年第 5 期。

检察科，此后各地纷纷酝酿建立专门机构。在 1996 年《刑事诉讼法》修改后推行的机构改革中，最高人民检察院以及一些地方检察机关取消了未检机构，未检机构的发展进入了低谷期。直到 2006 年，最高人民检察院出台的《人民检察院办理未成年人刑事案件的规定》对未成年人检察专门机构提出了明确要求。① 2009 年上海市人民检察院成立未成年人刑事检察处，2010 年北京市海淀区人民检察院成立少年检察处，随后各地检察院相继建立未检专门机构。2011 年最高人民检察院成立了未成年人犯罪检察工作指导处，2013 年底，根据新修订的《刑事诉讼法》，最高人民检察院再次明确了建立未检专门机构的具体要求。② 2015 年，最高人民检察院未成年人检察工作办公室成立，③ 作为一个临时机构来统筹协调未检工作。2019 年，最高人民检察院增设了第九检察厅，专门负责未成年人的检察工作，这意味着未成年人专门机构建设进入一个新的发展阶段。④ 未成年人检察专门机构的成立有助于其各项职能的发挥。我国检察机关不仅承担公诉职能，而且具有作为法律监督机关的重要地位。未成年人检察在未成年人司法体系中前承公安、后启法院，故其在未成年人司法体制构建和未成年人司法保护中能够发挥更为积极的作用。因此，根据检察机关的法律地位与未成年人检察的特殊需要，未成年人检察机构的职能主要包含检察职能和保护职能两大类。检察职能包含四项基本内容：一是未成年人刑事案件批准逮捕职能。根据未成年人司法国际准则与 2018 年修改的《刑事诉讼法》及最高人民检察院的司法解释的要求，应当对未成年犯罪嫌疑人、被告人严格限制逮捕、羁押措施的适用。二是未成年人刑事案件审查起诉职能。检察机关对未成年人刑事案件审查起诉，以

---

① "人民检察院一般应当设立专门工作机构或者专门工作小组办理未成年人刑事案件，不具备条件的应当指定专人办理。未成年人刑事案件一般应当由熟悉未成年人身心发展特点，善于做未成年人思想教育工作的检察人员承办。"

② "省级、地市级人民检察院和未成年人刑事案件较多的基层人民检察院，应当设立独立的未成年人刑事检察机构"，"有些地方也可以根据本地实际，指定一个基层院设立独立机构，统一办理全市（地区）的未成年人犯罪案件"。

③ 《最高检首设未成年人检察工作办公室》，载新华网，http://news.xinhuanet.com/legal/2015 - 12/23/c_1117559375.html。

④ 截至 2019 年初，地方检察院已有 24 个省级院、1400 多个市县级检察院都设立了专门的未成年人检察机构，专门从事未成年人检察工作。在没有设立专门机构的检察院，也大多都有专门的办案组或者专门的检察官来负责这项工作。

儿童最佳利益为核心考量，作出起诉或不起诉的决定，该项职能是落实宽严相济刑事政策，实现未成年人转处的重要方式。三是法律监督职能。检察机关不仅承担对未成年人刑事案件的诉讼监督职能，而且应当充分发挥法律监督职能，加强少年警察机构、少年法院机构、未成年人矫正机构办理未成年人案件时的科学性与规范性。四是预防未成年人犯罪职能。加强未成年人法治教育，预防未成年人犯罪也是检察机关的重要职能。2016 年，最高检、教育部联合组织启动为期三年的检察机关"法治进校园"全国巡讲活动。2020年 4 月，最高人民检察院印发的《关于加强新时代未成年人检察工作的意见》要求，常态化开展"法治进校园"活动。根据实际需要，开展"菜单式"法治教育。充分发挥"法治进校园"全国巡讲团作用，适时开展专项巡讲活动。会同教育部出台"法治进校园"工作意见，推进"法治进校园"常态化、制度化。同时，各级检察机关与学校共建未成年人法治教育基地。检察机关的保护职能不限于在司法活动中对未成年人进行保护，保护职能应当是全方位的，如在办案过程中发现未成年人合法权益受到侵害时，或直接采取措施维权，或将其转介到其他组织机构予以救济。我国未成年人检察机构的职能特点是"捕诉监防护"一体化。同时，我国未成年人检察机构的发展与运作非常重视专业化的要求，一方面将未成年人违法犯罪案件、侵害未成年人权益的案件均纳入案件范围统一处理，另一方面强调办案机构的专门化与办案人员的专业化，实践中，虽然我国未成年人检察专门机构的设立状况存在起伏反复，但推动办案机构的专门化一直是努力的方向。办理未成年人案件应当尽量选配具有心理学、教育学等背景、熟悉未成年人身心特点的工作人员。

在我国未成年人司法体制中，法院并不具有"先议权"，[①] 故直至审判阶段，未成年人首次接触未成年人审判组织。然而，就专门机构的起源来看，未成年人审判组织却先于少年警察组织和未成年人检察组织建立，但是其专门化道路亦非一帆风顺。1984 年上海市长宁区人民法院建立了我国第一

---

① "先议权"是指所有的少年事件均应当由少年法院（庭）进行预先审查。根据少年调查官的调查结果，认为可以适用保护处分的，由少年法院（庭）径行审理并适用保护处分；认为少年触犯刑法，且可能被判处五年以上有期徒刑、受案时已满二十周岁的，或认为少年犯罪情节严重，处以刑事处罚更为合适的，少年法院（庭）将其移送至检察机关由其起诉。

个少年法庭，至 1994 年，未成年人审判组织发展十分迅速。1996 年《刑事诉讼法》修订后，少年审判机构和人员开始大幅缩减。直至 2006 年，全国法院第五次少年审判工作会议的召开启动了全国范围内的少年审判改革，会后最高人民法院启动了未成年人案件综合审判庭试点工作。自 2010 年以后最高人民法院高度关注少年审判工作，[①] 2016 年在全国范围内选择 118 家法院开展为期两年的家事审判改革试点。[②] 2021 年 3 月，最高人民法院成立少年法庭工作办公室，并在六个巡回法庭设立少年审判巡回审判点。截至 2021 年 5 月底，全国法院共成立 1800 多个少年法庭。[③] 根据司法实践的状况，我国未成年人审判专门机构呈现出以下特征：一是各地专门机构建设发展不均衡，机构规模、人员配备、资源投入等方面差异较大。二是专门机构的模式具有多样性，导致不同模式下的专门机构的受案范围、工作机制等方面相差颇多。根据受案范围，未成年人审判专门组织可分为两类：一类是只处理未成年人刑事案件的刑事庭；另一类是处理未成年人刑事案件和涉及未成年人利益的民事、行政和刑事案件的综合庭。由此可见，在我国未成年人违法犯罪案件处遇的体制中，未成年人审判专门组织只承担审判犯罪行为的职责。就少年法官具体的职责而言，除了承担审判职能之外，有的负责法庭教育、案后回访、矫正服务、跟踪帮教等"非审判事务"，[④] 有的负责法治教育、少年维权、咨询服务等大量少年审判延伸工作。[⑤] 虽然这些探索在实践中取

---

① 截至 2014 年，全国法院共设立少年法庭 2253 个，合议庭 1246 个，少年刑事审判庭 405 个，综合审判庭 598 个。参见骆惠华：《为了孩子幸福为了国家未来——人民法院少年法庭工作辉煌 30 年回顾》，载《人民法院报》2014 年 11 月 25 日，第 4 版。

② 2016 年 3 月，最高人民法院在全国选择部分基层法院或者中级法院开展家事审判方式和工作机制改革试点，主要内容包括设立家事审判法庭，探索婚姻家庭纠纷案件自身的规律；为了防止配偶一方提前转移财产，探索审前财产申报制度；建立家事案件案后跟踪、回访及帮扶制度，延伸家事审判的社会辐射功能；探索设立专业咨询和辅导机构，协助家事案件的审理，及时为当事人提供心理疏导等相关专业服务；探索建立反家庭暴力的整体防治网络等。

③ 《国新办新闻发布会介绍未成年人保护工作情况 全国法院已成立 1800 多个少年法庭 人民法院将持续加大司法保护力度》，载最高人民法院官网，http：//www.court.gov.cn/zixun - xiangqing - 308231.html。

④ 姚建龙：《中国少年司法研究综述》，中国检察出版社 2009 年版，第 91 页。

⑤ 邹川宁：《少年刑事审判若干程序问题研究》，法律出版社 2007 年版，第 201 - 202 页。

得了一定的成效，但引发了对少年法官职责范围和具体内容的广泛讨论。在我国未成年人司法体制构建过程中，未成年人审判专门机构中的少年法官的定位在理论和实践中均存在一定争议。有的学者认为，少年法官发挥着社会调节器的作用，其在法庭上并非只是刑法的执行者，而是对未成年人进行教育、感化和挽救。[①] 有的学者认为，少年法官已经承担了相当多的社会公益和道义责任。[②] 有的学者则认为，少年法官宽泛的职责不仅为其添附了沉重的负担，而且这种积极作为的做法一定程度上阻碍了不同机构之间联动机制的建立，同时也与少年法官专业化的要求相悖。[③] 未成年人审判专门机构的职能与少年法官的具体职责直接关系着未成年人司法体制的构建，也关系着未成年人司法转处的广度与深度。

二、中国特色的未成年人司法的管辖范围及处遇路径

就未成年人审判机构的受案范围而言，我国司法体制仅对犯罪行为进行处遇；就未成年人违法犯罪行为的防治而言，违法行为与犯罪行为分别由行政与司法体制进行处遇。因此，我国未成年人司法体制的未来构建存在两种模式：一是将违法行为吸收到司法的管辖范围中，建立一元化的司法模式；二是遵循目前的二元化的"行政－司法"模式。不论是选择何种模式，未成年人的违法犯罪行为均应当成为未成年人司法体制的管辖范围。

（一）管辖范围

根据《中华人民共和国预防未成年人犯罪法》（以下简称《预防未成年人犯罪法》）和《刑法》的规定，我国未成年人司法体制的管辖范围包括违法行为和犯罪行为两类。违法行为即《预防未成年人犯罪法》第 38 条规定的"严重不良行为"。"严重不良行为"的行为主体是未成年人，实施的行为有刑法规定，但因不满法定刑事责任年龄而不予刑事处罚，具体包括：（一）结伙斗殴，追逐、拦截他人，强拿硬要或者任意损毁、占用公私财物

---

① 郭连申：《圆桌审判——少年刑事审判方式改革的探索与思考》，载《人民司法》1998 年第 11 期。

② 张利兆：《未成年人犯罪刑事政策研究》，中国检察出版社 2006 年版，第 194 页。

③ 狄小华：《中国特色少年司法制度研究》，北京大学出版社 2017 年版，第 295 页。

等寻衅滋事行为；（二）非法携带枪支、弹药或者弩、匕首等国家规定的管制器具；（三）殴打、辱骂、恐吓，或者故意伤害他人身体；（四）盗窃、哄抢、抢夺或者故意损毁公私财物；（五）传播淫秽的读物、音像制品或者信息等；（六）卖淫、嫖娼，或者进行淫秽表演；（七）吸食、注射毒品，或者向他人提供毒品；（八）参与赌博赌资较大；（九）其他严重危害社会的行为。未成年人犯罪行为则根据《刑法》第17条予以界定。

值得注意的是，在违法犯罪行为之外，《预防未成年人犯罪法》第28条规定了"不良行为"，主要包括：（一）吸烟、饮酒；（二）多次旷课、逃学；（三）无故夜不归宿、离家出走；（四）沉迷网络；（五）与社会上具有不良习性的人交往，组织或者参加实施不良行为的团伙；（六）进入法律法规规定未成年人不宜进入的场所；（七）参与赌博、变相赌博，或者参加封建迷信、邪教等活动；（八）阅览、观看或者收听宣扬淫秽、色情、暴力、恐怖、极端等内容的读物、音像制品或者网络信息等；（九）其他不利于未成年人身心健康成长的不良行为。因此，未成年人的不良行为是指其实施的不利于其健康成长的行为，与美国未成年人司法中的身份罪相近，[①] 即仅因为主体是未成年人而构成不良行为，故行为本质是身份不良行为，也类似于我国台湾地区未成年人司法中"虞犯行为"的概念。[②] 针对有不良行为的未成年人，该法只是规定学校应当加强管理教育，对拒不改正或者情节严重的，学校可以根据情况予以处分或者采取以下管理教育措施：（一）予以训导；（二）要求遵守特定的行为规范；（三）要求参加特定的专题教育；

---

① ［美］玛格丽特·K. 罗森海姆、富兰克林·E. 齐姆林、戴维·S. 坦南豪斯、伯纳德·多恩：《少年司法的一个世纪》，高维俭译，商务印书馆2008年版，第176页。作者认为"身份罪行为要求违反了如下几类规则。第一类包含了仅针对青年人的禁止性规则（'不得为'，诸如此类），例如法律禁止那些特定年龄以下的人饮酒或某一时间后在街上逗留。第二类包括要求起对象去做一些积极的事情的命令性规则：例如，儿童应服从他们父母或监护人的命令。违反此类规则可能显示出儿童是'顽愚不化的'或'桀骜不驯的'。第三类规则针对被认为是'恣意妄为'或'在懒惰和罪行中长大'的年轻人。这些年轻人或许并未违反任何为他们设定的特定规则或违反父母特定的命令，但显示出在一些情况中已经或可能做过错事"。身份罪意味着实施行为被视为不合法仅因为行为人是未成年人。即儿童在他们的未成年时期拥有这样一种身份，且因此而被加以诸多特殊限制。行为违反了那些特殊限制规定就构成身份罪。

② 虞犯，即有犯罪之虞者，是指根据一个人的性格、所处的环境以及表现出来的行为，有实施犯罪可能的人。

（四）要求参加校内服务活动；（五）要求接受社会工作者或者其他专业人员的心理辅导和行为干预；（六）其他适当的管理教育措施。处遇的主体是学校，而非司法机关。因此，根据当前法律规定，不良行为不属于未成年人司法的管辖范围。然而，未成年人出现不良行为甚至走上犯罪道路多数情况下是由社会环境与行为人共同缔造的，[①] 未成年人的不良行为大多是因家庭关系薄弱、传统教育体系的弊端和社会包容度的偏颇所致，[②] 而法律规定仍然主要依靠家庭和学校去发现和解决未成年人所出现的问题，司法机关并未介入未成年人不良行为的处遇，未成年人的不良行为有时候难以得到有效的规范与约束。

（二）处遇路径

根据《刑法》《预防未成年人犯罪法》和《治安管理处罚法》的规定，目前针对未成年人违法行为的处遇措施主要是专门矫治教育、治安处罚、强制戒毒、训诫和责令监护人严加管教等，最主要适用的则是专门矫治教育和治安处罚两类。

专门矫治教育。根据现行法律的规定，专门矫治教育的适用对象是实施了刑法规定的行为，但因不满法定刑事责任年龄不予刑事处罚的未成年人；适用条件是经专门教育指导委员会评估同意；决定主体是教育行政部门会同公安机关；执行主体是公安机关、司法行政部门和教育行政部门，分别承担未成年人的矫治工作和教育工作；具体内容包括矫治工作和教育工作；适用载体是专门场所，省级人民政府应当结合本地的实际情况，至少确定一所专门学校按照分校区、分班级等方式设置专门场所，与现存的专门学校（工读学校）在设置载体和运行等方面存在一定的重合。

治安处罚。针对未成年人的违法行为，公安机关可对其处以警告、罚款和行政拘留三类措施，然而对于绝大部分尚无独立经济来源的未成年人而言，罚款难以起到相应的惩罚功能。警告和行政拘留若针对其行为进行处

---

① 胡印富：《我国未成年人刑事法律体系的现状》，载《政法学刊》2015 年第 1 期。

② 万云松：《留守未成年人重新犯罪问题实证研究——以重庆某区 77 名留守未成年人犯罪案件为样本》，载《青少年犯罪问题》2015 年第 6 期；董士昙、李梅：《农村留守儿童监护问题与犯罪实证研究》，载《中国人民公安大学学报》（社会科学版）2010 年第 3 期。

罚，对于未成年人自身存在的问题而言只是治标不治本。此外，不满十四周岁的人实施了具有社会危害性的行为，表明行为人及其所处的外部环境存在一定的问题，但是公安机关不予处罚，只是责令其监护人严加管教，并未对未成年人进行后续帮教。

根据《刑法》的规定，未成年人犯罪应当从轻或者减轻处罚。同时，社区矫正制度是未成年人司法制度的重要组成部分之一。我国社区矫正起步较晚，目前仍处于探索阶段，存在诸多问题与困难，然而社区矫正是实现未成年人非监禁化、帮助其顺利回归社会的重要路径。

《预防未成年人犯罪法》第33条又规定了一类行为，即"偷窃少量财物，或者有殴打、辱骂、恐吓、强行索要财物等学生欺凌行为，情节轻微的"。根据规定，这类行为既不属于不良行为，也不属于严重不良行为，但可以由学校采取相应的管理教育措施。偷窃、殴打、辱骂、恐吓、强行索要财物等行为本身的性质较为恶劣，足以体现行为人主观上的恶意，但侵害的财物数量较少，侵害的对象是学生，情节轻微，因而交由学校加强管理教育即可。实际上，该类行为并非仅对未成年人加以教育就能起到作用，必要的情况下还应当对未成年人进行矫治，例如该未成年人的性格特征容易导致其实施犯罪行为，或者其家庭、学校、社区等周边环境存在容易诱发其犯罪的不利因素等，均应当将该类未成年人纳入司法处遇的范畴。因此，未成年人司法的管辖及处遇，在逻辑关系上还存在界限不够清晰的问题。

三、小结

我国正处于未成年人司法体系发展的基础阶段，由于特殊的法律文化与历史背景，未成年人司法体制的构建与完善将面临挑战与机遇。转处是未成年人司法体制中最重要的理念与制度，我国未成年人司法转处的研究必然需要在我国未成年人司法体制的背景下展开，未成年人司法专门机构建设的数量与形式、管辖范围及案件的处遇方案与转处实践的开展与制度的建构均存在密切关系。具体言之，与未成年人司法转处相关并亟待明晰的问题包括：我国未成年人司法体制应当将行政案件司法化构建一元司法模式，抑或坚持"行政－司法"二元模式；公安机关办理未成年人案件的专门机构的建设情况（包括规模与形式）、管辖范围、处遇方案及自由裁量权的大小；未成人检察专门机构的建设能否持续发展、不批准逮捕与各类不起诉的自由裁量权的大小、职权范围、如何平衡其追诉职能与保护职能；未成年人审判专门机构建设的方向何时能否明朗、管辖范围、在推进收容教养等程序司法化过程中将扮演何种角色及其职权边界等。梳理未成年人司法体制的模式选择与办理未成年人案件的专门机构的建设情况，能够帮助拓展未成年人司法转处建构的广度与深度、范围边界与具体内容。

第一章　未成年人司法转处的基本范畴

正如美国学者齐姆林（Zimring, F. E.）所言，未成年人司法的转处（diversion）理论不是一种可以变通的救助未成年犯的方法，而是一种比绝对的"儿童拯救"更为特定、更具限制的救助方式。其方法适当，且目标集中，从而使未成年犯在犯罪之后和经历社会控制的过程中都保有完整的人生发展机会。[①] 未成年人司法为转处提供了实践的沃土，转处在一定意义上成就了未成年人司法。根据《牛津高阶英汉双解词典（第 7 版）》所载，"diversion"一词就字面意思而言即"转向、转移"的意思。字面含义的解读远不能诠释未成年人司法转处的全貌，故本章就其基本范畴予以探讨，以期揭开未成年人司法转处的"面纱"。

第一节　未成年人司法转处的概念

未成年人司法转处是一个具有动态性、蕴含丰富内容、需要全面立体解读的概念，为揭示转处的含义，本节从层次、内容、形态、相关术语区分四个方面予以探析。

一、以层次为标准

中外学者针对未成年人司法转处的不同定义是从广义和狭义两个较大的层面提出的，在具体某一层面下，不同的学者阐述的重点又有所不同。广义上而

---

① Zimring, F. E., *The common thread: Diversion in juvenile justice*, California Law Review, 2000.

言，转处是一个通称，包括社区融入计划（community absorption plans）、警察甄别（police screening）、审前分流和替代刑——恢复原状、罚款和缓刑。① 有学者指出，转处是指首次或后续程序的替代措施对未成年人所进行的大范围的干预，它强调未成年人在正式的司法程序中与受到转处的区别。② 也有学者认为，转处不仅是一个宽泛的术语，其实践往往也比较宽泛，表现为诸多未成年人未被正式起诉，逮捕机关也往往在口头警告或得到父母承诺保证未成年人不再犯之后释放未成年人。③ 由此可见，广义上的转处重视将未成年犯从正式的司法体系中附条件或无条件地"转出"，以有效避免或减轻其对未成年人的负面影响，就诉讼阶段而言，转处包括审前的非犯罪化措施、审判中的非司法化措施和审判后的非监禁化措施，可谓"广义的转处"。"这种广义上的界定其实是将其视为追求的一种理念、一种主义，用来分析探讨机构或程序的独立、实现未成年人权益最大化等较为宏大的理论问题"。④ 但也有学者认为，这种模糊的界定不加区分地使得未成年人免于正式法庭程序，将会产生混淆与误解。⑤

就最狭义的层面而言，转处仅指"偏离通常的主流或进程"。有学者认为，在刑事司法领域中，转处指从通常的审判与行刑过程中转出，从而将进入刑事司法体系的人区分为不同群体。同时，转处也被赋予转入与转出的自由裁量权。就最简单的意义而言，转处体系不外乎警察警告（warning）与释放、寻求社区资源等。⑥ 有学者将转处定义为通过正式刑事或未成年人司法程序的暂停或终止，"将未成年犯罪嫌疑人从未成年人司法体系中转出或移

---

① Mark L. Berlin & Herbert A. Allard, *Diversion of Children from the Juvenile Courts*, Canadian Journal of Family Law, 439 – 460（1980）.

② Kammer, James J. & Kevin I. Minor & James B. Wells, *An Outcome Study of the Diversion Plus Program for Juvenile Offenders*, Federal Probation, 51 – 56（1997）.

③ Griffin, P. & Torbet, P.（Eds.）., *Desktop guide to good juvenile probation practice*, Washington, DC: Office of Juvenile Justice and Delinquency Prevention, 2002.

④ 盛长富：《纵论未成年人司法转处制度》，载《河北法学》2014 年第 12 期。

⑤ Mark L. Berlin & Herbert A. Allard, *Diversion of Children from the Juvenile Courts*, Canadian Journal of Family Law, 439 – 460（1980）.

⑥ Mark L. Berlin & Herbert A. Allard, *Diversion of Children from the Juvenile Courts*, Canadian Journal of Family Law, 439 – 460（1980）.

出的一种尝试"。① 有的学者则将转处视为一种程序（process），在该程序中
未成年人罪错行为和官方行为通过其他方式被定义和处理，"最小介入
（minimal penetration）"到未成年人司法体系中，并认为转处的另一特征是将
提供适当服务的社区替代方式适用于未成年人。② 正如加拿大联邦政府认为，
转处是一项正式的程序，即在未成年人被起诉到审判程序开始前，通过替代
性的协商、调解与补偿计划从而终止诉讼程序。③ 也有学者指出，转处意味
着"将未成年人从正式的未成年人法院程序中转出，得到以社区为基础的机
构的帮助"。④ 因此，狭义上的转处偏重制度层面的设计或程序方面的建构，
将未成年人从正式程序转移到社区中，从而重新融入社会或得以康复（reha-
bilitation）。

　　本书对"转处"一词的探讨研究并不严格区分广义或狭义，因转处在世
界各国的发展起点、态势与背景不同，其所呈现的形态与层次也有所区别，
因此无法对转处的层次一概论之，而应当结合各国的制度建构与实践运作予
以采用。

🕛 二、以内容为标准

　　根据各国未成年人司法专门立法的规定，以及学者的理论研究成果，
转处因具体内容不同而被区分为不同类型。有学者认为，转处通常可以分
为四类主要模式：一是纯粹的转处（true diversion），是指执法机关运用非
正式的方式对未成年人进行处遇，包括警察警告以及直接释放等；二是转
介、服务和后续帮助一体化（referral，service and follow-up），是指一种在
判决前将未成年人转介到非司法处遇体系中的模式；三是最小渗透（mini-
mization of penetration），是指通过不羁押、在社区中候审等方法尽可能避

---

① William E. Thompson & Jack E. Bynum, *Juvenile Delinquency: A Sociological Approach*, Boston: Allyn & Bacon, 2010, p. 474 – 503.

② Lemert, E. M., *What hath been wrought*, Journal of Research in Crime and Delinquency, 34 – 36（1981）.

③ Joint Proposals for a Basic Federal Policy Position on Diversion（Ottawa: Department of Justice and Ministry of the Solicitor General, September, 1978）.

④ Kurlychek, M., Torbet, P., & Bozynski, M., *Focus on accountability: Best practices for juvenile court and probation*, DC: Office of Juvenile Justice and Delinquency Prevention, 1999.

免未成年人与司法体系接触的模式；四是转入非法院机构（channeling to non-court institutions），是指将未成年人转移到社区服务中心等非法院机构接受干预的模式。①

按照内容是否需要附加条件，转处可以分为两类，一是无条件的转处（unconditional diversion），通常是以警察警告（police warning）的形式进行。二是从正式的司法程序中转处（diversion from formal judicial proceedings）。对涉罪未成年人进行转处，意味着他们将被转到适当的以社区为基础的组织和社会服务中心，从而避免了正式的司法程序和犯罪记录所招致的负面影响。绝大多数东亚和太平洋国家在其未成年人专门法律（13 个国家）或一般法律（11 个国家）中都有条文规定或为转处提供依据。未成年人可能应当遵守的转处条件包括：上学、职业训练、生活技能计划、宗教活动、社区工作时间、辅导、宵禁。当涉罪未成年人被转处时，其父母/监护人通常应当向受害者作出赔偿。

笔者认为，转处意为"转向处遇"。就内容而言，转处大致可以分为两类：一是"转向"，亦称"纯（pure）"转处，该类转处意味着对未成年人不施加任何干预，不论是正式的还是非正式的干预措施均不符合其要求。这符合标签理论的基本内涵，即未成年人的不良或犯罪行为通常是暂时的，官方的干预也许会促成而非抑制未成年人再次违法犯罪。② 二是"转向并处遇"，即"正式的（formal）"转处，是指将未成年人从正式的司法体系中转出，将其安置在社区服务机构等非司法机构中，并为其提供咨询、辅导等服务以帮助其重新融入社会。

❦ 三、以形态为标准

如上所述，就静态层面而言，未成年人司法转处的内容丰富且深刻；就动态层面而言，未成年人司法转处具有不同的性质或形态，呈现出不同的特

---

① Whitehead, J. T. & Lab, S. P., *Juvenile justice: An introduction* (3rd ed.), Routledge, 2001.

② Frazier, C. E., & Cochran, J. K., *Official intervention, Diversion from the Juvenile Justice System, and Dynamics of Human Services Work: Effects of a Reform Goal Based on Labeling Theory*, Crime and Delinquency, 157–176（1986）.

征并产生深远的影响。一方面，从历史发展的角度视之，未成年人司法转处的性质与未成年人司法的发展阶段和态势休戚相关。就现状而言，如同任何一项客观事物，未成年人司法转处既是一种理念，也表现为一类实践，也形成了一项制度，但与其他客观事物不同的是，未成年人司法转处的这三类性质或形态的诞生具有比较明显的时间顺序。其一，作为理念的未成年人司法转处的产生先于少年法院和未成年人司法，后者的建立正是未成年人司法转处理念深入人心的结果，同时未成年人司法转处理念也指导着未成年人司法的发展方向。其二，在未成年人司法的缺陷日渐显露时，以美国为典型代表的国家将未成年人司法转处理念具化为一种改革与实践举措，自上而下予以推行，即作为实践的未成年人司法转处，以期解决未成年人司法遭遇的困境与障碍。其三，随着未成年人司法的发展，诸多国家将未成年人司法转处写入法律，未成年人司法转处得以固化为一项制度。另一方面，虽然未成年人司法转处按照一定的时间顺序呈现出这三种形态，但并不意味着这三种形态壁垒分明，非此即彼。在未成年人司法发展历程中，未成年人司法转处理念、实践与制度通常共生并存，相互影响和作用。

理念、实践与制度既是未成年人司法转处发展不同阶段的成果，也是未成年人司法转处的完整形态。本书立足于这一观点，以期通过三个维度对未成年人司法转处进行相对全面完整的描述与阐释。

🍄 四、与相关术语的区分

（一）转介（referral）

我国司法实践经常将"转介"与"转处"混为一谈，这种实务中的误解也往往造成理论研究的困局。根据韦氏字典所载，转介（referral）是指对于特定的问题或需求，寻求适合的专业帮助。在未成年人司法领域内，转介的前提设定为，司法机关不是万能的，当事人需要司法之外的专业服务时，司法机关可以将其需求或直接转达或借由第三方中转给其他服务机构。[①] 域外有诸多实践说明转介的具体含义与基本内容。英格兰和威尔士根据《1988

---

① 吴燕：《刑事诉讼程序中未成年人司法保护转介机制的构建——以上海未成年人司法保护实践为视角》，载《青少年犯罪问题》2016 年第 3 期。

年犯罪与扰乱秩序法》成立的"青少年犯罪研究小组（YOT）"在其内部与外部发挥着转介作用，由地方政府主导，将警察、社会福利机构、卫生部门、教育部门、房屋管理部门、志愿机构等方面人士联合起来，通过多个机构的参与，运用各方面的专业知识，提供迅速及时的青少年犯罪处理和社区服务，实现资源共享，相互支持和尊重。① 意大利未成年人司法的不断发展与承担转介功能的专业社工及其机构密不可分，转介服务包含多种形式，除了司法措施的转介之外，问题家庭和危险少年可以选择一般服务（servizi generalisti）或者区域化服务（servizi di area）和工作者的独特专业，也可以选择服务另附，比如社会工作服务或者心理或教育服务。② 澳大利亚有未成年人转介与独立个人项目（Youth Referral and Independent Person Program）为未成年人提供支持性服务，包括向未成年人介绍转介服务，将未成年人转介到教育、就业、住房、法律援助、医疗健康、移民与救济、毒品与酗酒治疗等服务机构。③ 国际司法准则也对转介提出明确要求，正如《儿童权利公约》第 40 条第 4 款④的规定，强调转介服务的多样性。

转处（diversion）是针对违法犯罪的未成年人的处遇方式之一，为避免未成年人受到不良影响而将其转出并为其提供适当的支持与帮助，促使其早日回归社会。转介是机构间的转移以使未成年人获得更为适合的专业辅导。适用转处的主体通常为公安、司法机关，提供转介服务的主体通常包含三类主体，即具有保护未成年人职责的部门和社会团体，如学校、技能培训机构、企事业单位、社区和社会福利机构，以及公益性社会组织、民办非企业单位等非政府组织及志愿者。转介与转处的区别在于：一是内容不同，转介

---

① YOT 的主要工作有：通过处理危险因素对青少年犯罪进行及时的、集中的、可信的早期干预；当儿童受到警告令处理时找到一个合适的住所；帮助因犯罪必须进入司法程序的青少年准备详细的法庭答辩报告，为其提供咨询与指导；监督受到犯罪处罚的青少年执行法庭判决并采取多种手段帮助其矫治等。参见刘桃荣：《英国青少年犯罪预防的经验》，载《青少年犯罪问题》2006 年第 5 期。

② 杨旭：《意大利少年司法社会化研究》，中国社会科学出版社 2015 年版，第 88 页。

③ 刘悦：《澳大利亚青年转介与独立人项目制度评价与借鉴》，载《青少年犯罪问题》2015 年第 5 期。

④ "应采用多种处理办法，诸如照管、指导和监督令、辅导、察看、寄养、教育和职业培训方案及不交由机构照管的其他办法，以确保处理儿童的方式符合其福祉并与其情况和违法行为相称。"

服务的内容具有多样性，包括心理辅导、咨询、教育、劳动技能培训、就业、住房等各类举措；转处的内容为警察警告、释放、缓刑、不羁押等方案。二是目标不同，转介的目标是解决未成年人面临的困境，帮助未成年人重新融入社会；转处的目标是避免或减弱正式司法体系对未成年人的负面影响。三是范围不同。如图1所示，转处包含转处不转介与转处且转介，转介包含转处转介与非转处转介。在转处且转介的案件中，转处是转介的依据与起点，转介服务是实现转处的重要保障。因此，在转处与转介交叉区间的未成年人司法领域中，转处是指公安、司法机关根据未成年人的个案特性将其转出正式的刑事司法体系，以合作或转介的方式由其他专业性的机构提供多样化的服务，以达到未成年人的康复与犯罪预防目的。

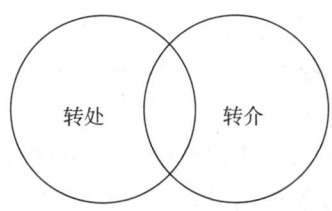

图1　转处与转介的关系

（二）观护（probation）

观护，顾名思义为观察保护之义，英文为probation。该词的中文译法来源于中国台湾学者。因probation的含义，与台湾地区"刑法""少年事件处理法"中的"缓刑期内付保护管束"及"保释出狱付保护管束"的措施相当，故译为"观护"。[①] 日本译为"保护观察"。执行保护管束的处遇措施即为"观护制度"，收容符合一定条件的未成年犯的处所即为"少年观护所"，执行审理前个案调查以及保护管束任务的工作人员即为"观护人（probation officer）"。对于符合一定条件的未成年犯，经调查、审理后，作出的交付保护管束处分即为"观护处遇"。

根据美国观护人协会的意见，观护制度针对符合一定条件的被告人，允许其进行正常的自由生活，法院对其进行社会调查并给与辅导和帮助，被告

---

① 刘作揖：《少年观护工作》，五南图书出版股份有限公司1984年版。

人应当遵守相应的条件和规范并接受指导和监督。现代观护制度针对个人开展，代替监禁方式，运用科学合理的方式帮助其铲除导致犯罪的根源，提供就学就业技能等机会，在保护人格尊严的基础上，由具有专业知识的人士予以合理的指导与监督。此种处遇旨在激励受观护者向上、向善的良知与德性，使其积极改过，化莠为良，回归社会正常的生活。

未成年人观护具体包括以下几点。一是收集未成年人个案资料。在未成年人事件审理前，先行个案调查，收集未成年人个案资料。二是贯彻保护未成年人的处遇政策：保护少年，经由具有学识经验的观护人热忱奉献，使受观护处遇的少年得到最适当的照顾、鼓励与指导。三是提供未成年人反省自新的机会：将未成年人置于自由社会，受观护人辅导、督促，使其能敦品励行、一心向上，重新适应社会正常生活。四是辅导未成年人生活，矫正其不良行为：观护并非将未成年人置于社会，放任其自己生活，而是要求未成年人犯接受观护人的辅导，履行应遵守的事项，保持善良品性，不与品行不良的人往来，否则将申请少年法庭撤销观护处遇。

观护与转处在未成年人司法领域中的使用频次均不低，但就两者关系而言，未曾有学理或实务层面的分析，故在司法实践中因二者关系不清而造成资源重复投入或有所遗漏，理论研究中也时有混乱，有学者甚至认为"观护是一种对犯轻微罪的未成年犯罪嫌疑人根据社会调查的结果所采取的一种转处措施"。① 观护与转处的区别之处，一是侧重点不同。观护即观察保护，是为确定观护期后应当采取的处遇方案，从而设置的一段在机构外进行考察或监督的制度，强调制度建构。未成年犯罪嫌疑人或被告人在观护期间，虽然人身自由不受限制或剥夺，但应当遵守相应的条件规范并接受监督。观护期结束后，法院再依据观护的结果选择惩处的方式或直接免除惩处。转处强调为避免标签化或污名化，将未成年人从正式的司法体系中转出，并解决导致其犯罪的根源，侧重于程序设计。二是目标不同。观护的目标更具体直接，对于未成年人而言，是保证其遵守司法机关附加的条件，对于司法程序而言，是为诉讼进程的推进或终止提供依据。转处的目标更抽象更宏观，即尽力避免或减弱未成年人所遭受污名化影响，使其尽早重新融入社会。

---

① 梅义征：《社区矫正制度的移植、嵌入与重构 中国特色社区矫正制度研究》，中国民主法制出版社 2015 年版，第 226 - 231 页。

　　然而，在适用未成年人司法转处的过程中，观护是重要环节之一。在司法程序的任一阶段均可以适用转处，在审前可以实施观护实现未成年犯罪嫌疑人在机构外候审，使其免受羁押场所的不良影响，也可以通过观护制度对未成年犯罪嫌疑人进行附条件不起诉的考察，审判后可以通过观护对未成年服刑人员实行机构外非监禁刑罚的执行，更有助于未成年人回归社会。

（三）恢复性司法（restorative juvenile justice）

　　根据联合国经济及社会理事会 2002 年第十一届会议题为《恢复性司法》的秘书长报告，恢复性司法的逻辑前提是犯罪对行为人、受害者及其家庭、社区均会产生不良影响，故其鼓励相关社会资源和力量尽可能地广泛参与犯罪行为的处理和冲突的解决，以期消除影响，恢复被破坏的关系。由于恢复性司法所涉及的内容较为广泛，学界就其性质的理解存在较大分歧，通常有四种说法：一是司法理念，二是反应过程，三是司法模式，四是司法方案。本书将恢复性司法视为一种司法方案。

　　恢复性司法方案是指"为了解决未成年人犯罪行为产生的问题，通常在一个公平公正的第三方的帮助下，涉罪未成年人及其监护人、受害人以及其他遭受犯罪行为影响的个人或社区成员积极共同参加的任何程序"。[①] 在实践中恢复性司法方案呈现出不同的具体形态，如和解（reconciliation）、调解（mediation）、会议（conferencing）、家庭会议（family conferencing）、社区会议（community conferencing）、赔偿（compensation）、和解（settlement）。《儿童权利公约》的《第 10 号一般性意见》的第 10 条指出，"例如，保障儿童最佳利益是指在处理涉罪未成年人的案件时，报复/镇压等刑事司法的传统目标应当让位于康复和恢复性司法目标"。恢复性司法方案的两种主要做法是调解与会议。

　　调解，亦称"刑事和解（VOM）"，基于双方自愿，将犯罪行为的受害者与涉罪未成年人聚集起来进行调解。经过培训的中间人（调解人）协助各方解决犯罪行为产生的冲突或后果，从而达成均可接受的解决方案。调解可以由政府机关与非政府组织共同运作。调解不仅可以是一种转处性的措施，而且可以是一个量刑前的程序，并向法院提交量刑建议。通常情况下，中间人（调解人）在面对面的会议前与双方会面，以帮助他们为此做好准备。此

---

　　① 宋英辉、许身健：《恢复性司法程序之思考》，载《现代法学》2006 年第 3 期。

举主要是为确保受害者不至因与涉罪未成年人见面而再次受到伤害，以及涉罪未成年人认识到所须承担的责任并真诚期待与受害者会面。

与调解相比，会议所聚焦的内容更为广泛。其是指在训练有素且公正中立的调解人（召集人）的协助下，受害者与涉罪未成年人及其双方的家庭与朋友共同参加，社区的其他成员有时也会参加的程序。会议的目标是确定双方满意的结果，解决犯罪行为造成的后果以及探索预防再犯的适当方法。会议的内容是要求涉罪未成年人面对犯罪后果，并制订恢复性计划。因为会议广受各类群体的关注，因此能够有效保证涉罪未成年人履行约定的义务。实际上，会议的其他参与者往往扮演着更具持续性的角色，即监督涉罪未成年人的行为并确保其遵守约定的条件。会议经常作为一项转处性的措施以及量刑前的程序，并向法院提交量刑建议，通常由非政府组织或民间社会组织运作。

除了这两种恢复性司法方案，作为转处性措施的部分内容，涉罪未成年人应当遵守的条件、审前释放、审判后替代性羁押措施以及审判后释放均具有恢复性。替代性措施可能包括恢复性条件，例如向受害者道歉、写致歉信、为受害者做些小事、一定时间的社区工作等。恢复性条件不仅可能通过恢复性未成年人司法程序决定，例如调解和会议，也可能通过未成年人司法专业人员或社会福利工作人员与未成年人及其家长或监护人之间的一次或数次会议决定。

恢复性司法方案与转处均属于剥夺或限制未成年人自由的替代性措施，二者关系密切。恢复性司法方案可以是一种转处性的措施，但两者之间又存在明显的区别：一是适用对象不同，前者适用于与法律有接触的未成年人；后者仅适用于涉罪未成年人。二是具体内容不同，前者要求未成年人以赔礼道歉、参加社区服务、赔偿损失等方式修复被破坏的关系；后者不包括恢复性未成年人司法的内容。三是参与主体不同，前者在实践中，未成年受害人参与协议条件的设立；后者在实践中，受害人和其他受犯罪行为影响的人不必然参与其中。四是社区发挥的作用不同，在恢复性司法方案中，社区参与协议条件的设立并监督和支持未成年人遵守协议；在转处过程中，社区为安置未成年人、解决犯罪发生根源、帮助未成年人回归社会提供场域。

第二节　未成年人司法转处的理论基础

理论基础是研究未成年人司法转处的逻辑前提。20 世纪 70 年代，转处项目（diversion programs）在美国联邦和各州盛极一时，直接原因是 60 年代标签理论的盛行。因此，在探究未成年人司法转处的理论基础时，学者最为推崇标签理论。然而，未成年人的特殊性决定着未成年人违法犯罪问题的治理向来不只是犯罪学研究的命题，故未成年人司法转处的研究也具备学科交叉性和综合性，其理论基础也更为丰富和广泛。

一、未成年人司法基础：国家亲权理论与未成年人最佳利益理论

（一）国家亲权理论

国家亲权（Parens patriae），[①] 即"国家担任父母（in loco parentis）"，源于英国普通法，国王享有担任法律上能力有缺陷者（如儿童、有智力问题或精神问题的人）的监护人的特权。中世纪时期，英国人法官法庭将国家亲权理论作为干预未成年人相关问题的依据。19 世纪 30 年代，美国宾夕法尼亚州最高法院在"克劳斯案"（Ex parte Crouse）中首次正式援引该理论作为观护所对未成年人予以保护的正当化根据。[②] 在此之后，国家亲权理论的内涵在其他案件中得到丰富，[③] 最终成为 1899 年世界上第一个少年法院建立的哲学根基。在未成年人司法领域，当父母被认为没有能力或不愿意管束自己的孩子时，国家以少年法院法官的形象担任未成年人的父母。因此，正如父母一般，未成年人司法体系的设计以未成年人的最佳利益为核心。国家亲权理论指导着未成年人司法的诞生与发展，同时其内涵也因未成年人司法实践不断得以拓展。

在国家亲权理论的指导下，第一次未成年人司法转处即未成年人司法与

---

① 国内又译"国王亲权""国家监护权""国家之父""公民家长""人民之父""超级父母"等。

② Ex Parte Crouse, 4 Whart. 9（Pa. 1839）.

③ 例如罗斯诉庇护所、普雷斯科特诉俄亥俄州等案件。

刑事司法的分野成功实现。世界上第一个少年法院的建立是为了保证未成年人避免在成年人刑事法庭中像成年人一般接受审判和处罚，使其免受具有公开对抗性的正式程序的不良影响。创设少年法院的改革者期待根据非正式的程序在社区内对未成年犯进行处遇，正式程序的陷阱与困境将不复存在。根据该理论，国家有权扮演越轨未成年人的父母，少年法院强调个性化特征，采用非正式的、自由裁量的程序为未成年人的违法犯罪行为"诊断原因"并为其"开出药方"。[①] 就本质而言，少年法院的成立是一种将未成年人转移到更具人道主义和保护性的环境中的一种策略，在这个过程中，少年法院更关注作为个体的未成年人而非某种罪行。少年法院将未成年人与成年人予以分别处遇，并提供代替刑罚的康复方案，承担着转处的作用。

随着未成年人司法体系的发展，国家亲权理论面临诸多挑战与质疑，争论最为激烈的焦点之一为非正式的程序导致未成年犯罪嫌疑人或被告人丧失正当程序权利的保障，故引发了 20 世纪六七十年代一系列保障程序权利的判例。然而，笔者认为这些判例赋予未成年人诸多权利是未成年人司法体系发展到一定阶段的自我修正，正是以未成年人的最佳利益为根本考量的结果，故国家亲权理论并非失能或失效，而是在新的背景与阶段下呈现出新的态势。国家亲权理论既清楚在何时应充当严格的家长施予广泛干预与保护，也清楚在何时应适当放手尊重自由与独立的空间。

（二）未成年人最佳利益理论

1959 年的《儿童权利宣言》与 1989 年的《儿童权利公约》均主张有关儿童的一切行动，"均应以儿童的最大利益为一种首要考虑"，故我国通说认为该条确立了儿童利益最大化原则或理论。然而，本书更倾向于称其为"未成年人最佳利益理论"。在联合国国际准则等文件中所使用的"儿童"一词明确是指"未满十八周岁的未成年人"，故为保持用词的规范性与统一性，以法律术语"未成年人"代称之。国际文件原文使用的是"best interests"，中文版本将其译为"最大利益"。"最大利益"存在对未成年人的保护程度仅以利益大小或多少为衡量标准之嫌，利益最大但未必最佳，体现的仍然是成年人的视角与思维方式。若从未成年人的视角出发，以其"最佳利益"为

---

① Barry C. Feld, *The Transformation of the Juvenile Court*, Minnesota Law Review, 691 – 726（1991）.

首要考虑最妥。"最佳利益"即最有益于保护未成年人健康成长并促进未成年人身心发展。未成年人最佳利益理论最早体现于美国、加拿大、澳大利亚、德国、日本等国家的未成年人法律与司法实践中，随后联合国将其纳入国际准则的条文中，鼓励缔约国在处理有关未成年人的事务时重视未成年人的最佳利益。

　　未成年人司法转处的诞生及发展无不以未成年人的最佳利益为首要考虑，未成年人最佳利益理论可谓未成年人司法转处的理论基础之一。未成年人最佳利益理论重视未成年人福利的实现，强调对未成年人的干预以康复和保护为目的而非惩罚和报复，同时主张对未成年人进行个别化与针对性的处遇。未成年人最佳利益理论在未成年人司法发展与改革过程中发挥着重要作用。20 世纪 60 年代到 70 年代之间，对未成年人司法体系的批判声音日益强烈。批评者认为不断上升的犯罪率反映了未成年人司法难以实现使未成年犯康复的目标，同时由于司法资源的紧缺，未成年人司法无法实施针对个人的处遇计划，并未实现满足未成年犯需求的目标。[1]同时，相关研究表明在非司法机构中对未成年犯适用社区计划能够实现未成年人司法最初的目标。[2] 因此未成年人最佳利益理论成为转处项目萌生与蓬勃发展的理论依据。1967 年，美国总统司法执行与管理委员会的报告首次公开宣布对未成年人司法进行改革，鼓励采取若干步骤改进其管理体制，包括将初犯与实施轻微犯罪的未成年人从法律程序转入非司法的社区机构中，将其作为正式未成年人司法程序的替代方案。针对未成年人司法带来的问题，美国国会于 1974 年通过了《少年司法与犯罪预防法》（Juvenile Justice and Delinquency Prevention Act）。该法强调"将未成年人从传统的未成年人司法体系中转出并提供迫切需要的制度化的替代方案"。通过该法促使与转处有关的社会服务的繁荣发展。转处因受到全国关注而受到联邦对转处项目的大量资金支持。联邦的支持使得转处在全国范围内成为未成年人官方处遇程序的可行性替代方案。[3]

---

① Robert W. Taylor, Eric J. Fritsch & Tory J. Caeti, Juvenile justice: *Policies, programs, and practices*, Glencoe/McGraw – Hill, 2002, p. 4.

② Ted Palmer & Roy V. Lewis, *An Evaluation of Juvenile Diversion*, American Sociological Association, 1980, p. 366.

③ Arthur II Hinshaw, *Juvenile Diversion*: An Alternative to Juvenile Court, Journal of Dispute Resolution, 305 – 322（1993）.

❀ 二、犯罪学基础：标签理论与差别交往理论

（一）标签理论

标签理论（labeling theory）又称"烙印化论"，是当代西方资产阶级犯罪学流派中研究犯罪原因的社会心理学理论。它产生于 20 世纪 30 年代后期，主要代表人物有美国的坦南鲍姆（Frank Tannenbaum）、贝克尔（H. S. Becker）、克雷西（D. R. Cressey）和莱默特（E. M. Lemert）等人。

标签理论关注那些被贴上偏离、犯罪或未成年人罪错的标签的行为，关注被选来贴上标签的群体，还关注这种标签行为过程所导致的后果。[1] 在坦南鲍姆的著作《犯罪与社区（Crime and Community）》中，我们可以看到标签理论的基本原理。例如，将罪恶戏剧化的观点抓住了现行标签理论的一些基本见解：不论何种情况，其所强调的都是被非难的行为。家长或警察，兄长或法庭，缓刑监督官或青少年矫正机构……正是他们的热情使得事与愿违。他们越是努力改造这种邪恶，邪恶就越在他们手中成长。不论愿望多么美好，这种质疑的主张最终酿成了悲剧，因为它引发了其本应抑制的不良行为。解决这一问题的出路就在于，不再对邪恶进行渲染。尽管对于其他事情来说，说得越多情况就越好，但对于控制犯罪来说，说得越少情况反而会越好。[2]

根据标签理论的看法，犯罪源于对犯罪的打击与控制机制，该机制生产了更多的犯罪行为，故将批判的重点转移到了这一点上。[3] 因此，20 世纪六七十年代，标签理论者们几乎全部集中注意力去考察未成年人司法制度对犯罪的影响。埃德温·舒尔（Edwin M. Schur）的呼吁："只要有可能，请离孩子们远点！"可以说最好地刻画了标签理论的精神。当时未成年人司法的显著特征是对未成年人罪错行为或不良行为的超前干预。标签理论认为，未成

---

① ［美］玛格丽特·K. 罗森海姆、富兰克林·E. 齐姆林、戴维·S. 坦南豪斯、伯纳德·多恩：《少年司法的一个世纪》，高维俭译，商务印书馆 2008 年版，第 212 页。

② ［澳］约翰·布雷思韦特：《犯罪、羞耻与重整》，王平、林乐鸣译，中国人民公安大学出版社 2014 年版，第 20 页。

③ 姚建龙：《标签理论及其对美国少年司法改革之影响》，载《犯罪研究》2007 年第 4 期。

年人司法对违法犯罪行为的处遇机制会给未成年人贴上标签，留下污名化的烙印，从而可能导致其终身犯罪。为了限制未成年人司法干预的范围，标签理论者们认为应当将罪错未成年人转离未成年人司法系统。因此，标签理论开始更加关注对犯罪人的犯罪行为有控制作用的他人，包括与犯罪人密切接触的家人、朋友、邻居、警察等，研究这些抑制犯罪的人或机构对促成犯罪的影响，从而进一步提出了完善控制犯罪的机制的建议。①

根据标签理论的观点，其所强调的更大程度上应当解读为"不干涉主义"，即对未成年人的罪错行为不加以任何方面的干预，避免组织、机构、体制等处遇过程对未成年人造成负面影响。因此，严格意义上讲，标签理论提倡的是"纯转处"，即前节所称的"转向"，对未成年人不施予任何正式或非正式的干预措施，未成年人的罪错行为会因其成长自愈。然而，转处的另一种类型，"转向并处遇"，因重视从司法体系中转出的未成年人回归社会的问题而对其进行必要的干预或帮助，并不完全符合标签理论的精神。标签理论是未成年人司法转处的理论基础之一，但转处的丰富内涵源于其他理论基础的启发与影响。

（二）差别交往理论

差别交往理论（different association theory）亦称"不同联系论"，是1939 年由萨瑟兰在其教科书《犯罪学原理》中正式提出来的。差别交往理论是指人们在与不同类型的人的交往过程中会对彼此产生影响，犯罪通过差别交往得以传播。差别交往理论并不认为和犯罪人的直接交往或学习特定的犯罪行为是人们犯罪的必要条件，该理论在着重阐明个人的犯罪定义的同时，也引出了环境条件对于产生犯罪行为的重要性，因为毕竟是环境提供了机会。②

差别交往理论的基本内涵包括：犯罪是行为人从外界所习得的。犯罪是行为人与不同种类的人在相互交往中因产生互相影响而学习得来的。犯罪的习得内容主要来源于经常交往且关系密切的群体中，与行为人联系最为密切的，如家人或朋友等，对其最能够产生显著的作用。学习犯罪行为的过程一方面包括学习犯罪技术，这种技术有时非常复杂，有时非常简

---

① 王牧：《新犯罪学（第二版）》，高等教育出版社 2010 年版，第 95－96 页。

② 张远煌：《犯罪学原理》，法律出版社 2001 年版，第 65－67 页。

单，另一方面学习犯罪的动机、目的、合理化辩解等特定的心态。特定的心态是通过对法律等一般性规范进行正反两方面的解读而学会的，不同的人对法律规范或社会规范的认识、解读与反应各不相同，个人始终在同对法律的遵从持不同看法的人接触和交往。在一些群体中，个人可能只与或主要与那些认为应当时刻遵守法律规范与社会规范的的人往来，而在另一些团体里个人可能只与主张违法行为的人往来。个人变成犯罪者，是因为助长犯罪的观念压倒了抵制犯罪的观念，这是差别交往理论的最终思想。在这种理论下，犯罪产生的主要原因是行为人频繁接触鼓动犯罪的支持者，而与其反对者相分离，或者更明确地说，是因为他们所接触到的人和事都表明犯罪的结果是利大于弊而接触不到能与之相抗衡的相反观念。差别交往在频率、持续性、优先性和强度方面互有区别。个人学习守法或者学习犯罪受社会活动过程的质和量的影响。持续时间长的交往比持续时间短的交往产生的影响更大，多次接触比偶尔接触的影响更大，交往中地位较高者对地位较低者的影响也更大。①

　　未成年人由于年龄小、身心发育尚未健全等，更容易受到外界的影响，因此差别交往对未成年人犯罪的影响更为深刻。一方面，差别交往理论表明，未成年人违法犯罪主要是因与具有不良行为的人员的交往以及受周边不良环境的影响所致，故同理，未成年人在羁押场所与其他违法犯罪的行为人接触，会与他们彼此交流，从而习得更多犯罪"技能"，造成犯罪的"交叉感染"，故应当尽量避免对未成年人进行羁押，将其从正式的司法程序与机制中转处。另一方面，差别交往理论也认为，未成年人的违法犯罪问题可以通过改善其接触的人员与周边环境解决，因此对未成年人适用转处将其安置到社区等适当的场所时，应当同时处理导致其违法犯罪的根本原因，从而预防再犯。

---

　　① ［美］米切尔·T. 尼茨尔：《犯罪及其矫正》，北京心理学会 1981 年版，第 135 页；［德］汉斯·约阿西姆·施奈德：《犯罪学》，中国人民公安大学出版社 1990 年版，第 536－537 页。

三、刑事法基础：刑事实证学派的理论与新社会防卫论

（一）传统的刑事法基础：刑事实证学派的理论

19 世纪末，因统计资料和方法的发展、精神病学研究和理论的进展以及监狱提供实验研究的场域，以龙勃罗梭为代表的学者开创了刑事实证学派。[①]实证学派发现"绝大多数犯罪发生在 15－25 岁的年龄段"，[②] 因此，未成年人犯罪被给予了一定关注。基于对少年犯罪特性的认识，实证学派主张未成年人与成年人在刑事立法、司法、处遇等方面的二元分离。

首先是刑事立法的二元化。龙勃罗梭认为，未成年人实施犯罪行为是在其不清楚法律后果的情况下偶然进行的，若对他们施以适当的管教和引导措施，实施了犯罪行为的未成年人能够改过自新，重新回归正常的生活和学习。因此，他主张对实施了犯罪行为的青少年，尤其是年龄更小的儿童，应当将其与成年人区别开来，进行特殊的处遇。在立法方面，应当全面考虑未成年人的特殊性，制定专门的法律。在执行方面，应当避免将未成年人与成年罪犯混同关押，为未成年人专门设立单独的教养院，实行针对性的矫治措施。[③]

其次是未成年人司法与普通刑事司法的二元化。龙勃罗梭主张对未成年人进行审判的法官及法庭应当与对成年人的加以区分，针对未成年人的特殊性，成立专门的法庭，设置专门的法官，对未成年人案件进行处遇。法官应当具备审理未成年人案件的知识与能力，审判程序与判决结果均应以未成年人的特殊性为考量，对未成年人进行最妥善的处遇。此外，由于未成年人的犯罪行为、性格特征、家庭背景不同，法官在审判案件时也应当区分对待。

最后是未成年人犯罪与成人犯罪对策、处置的二元化。对于未成年人犯罪，一是强调早期预防，二是主张建立独立的未成年人矫治机构，将未成年人与成年人分押分管。龙勃罗梭认为，天生犯罪人往往在其未成年人时期便开始实施犯罪，对社会产生较大的威胁，故必须将他们仔细地隔离起来，对

---

① 陈立：《刑事实证学派评述》，载《比较法研究》1990 年第 4 期。

② ［意］龙勃罗梭：《犯罪人论》，黄风译，中国法制出版社 2005 年版，第 235 页。

③ ［意］龙勃罗梭：《犯罪人论》，黄风译，中国法制出版社 2005 年版，第 26 页。

他们单独进行治疗。因此他主张在监狱中，应当将未成年犯罪人与成年犯罪人分隔开来，以免前者受到成年犯罪人的不良影响。[①] 此外，龙勃罗梭反对监禁未成年人，尤其是对未成年人适用短期监禁刑。

虽然刑事实证学派是在社会防卫的视角下防范治理未成年人犯罪，但他们都承认了未成年人及其犯罪的特殊性。刑事实证学派的主张，尤其是反对未成年人与成年人混同关押、反对对未成年人适用监禁刑、呼吁未成年人犯罪行为的机构外处遇等观点，均反映了将未成年人转出成年人司法体系和正式司法体系的精神，转处的理论渊源有充分的理由可追溯于此。

（二）新兴的刑事法基础：新社会防卫论

自实证学派诞生后，在刑法理论中，近代学派与古典学派长期进行着争论，"二战"之前虽已趋于缓和，但争论仍然存在。"二战"后不久，法国学者安塞尔提出的新社会防卫论，在两学派之争中采取综合主义的立场。[②]

新社会防卫论的核心内容是推行人道主义的刑事政策，主张犯罪行为人拥有重新融入社会的权利，并且社会应当担负起帮助犯罪行为人回归社会的义务，最高的人道主义是促使违法犯罪行为的人改过自新，使其具备重新开始生活的信心与能力。为此，他提出了对犯罪人的新态度：考虑犯罪人的人格，同时修改制裁体系，使刑罚体系和法定刑内容现代化，以便成为更具有教育和特殊预防作用的因素。他根据对"犯罪的危险性"的阐明，将研究的中心集中在"人格"上。他认为法官只有真正认识清楚犯罪行为人的人格，将其行为与人格特征联系起来，才能够对案件作出适当的处理，帮助其顺利回归社会。因此，应当对犯罪行为人的人格进行各方面的调查。[③]

另外，安塞尔对非犯罪化和非刑事化也很关注，认为"将刑罚与现代世界的环境与价值观念相结合的刑事政策的最后一项内容（而不是最无关轻重的内容）是它的非犯罪化和非刑事化运动"。[④] 所谓"非犯罪化"，即消除某一行为的受刑法惩罚性的改革，"非刑事化"是在承认法律认定某一罪名的

---

① ［意］龙勃罗梭：《犯罪人论》，黄风译，中国法制出版社 2005 年版，第 26 页。

② 马克昌：《近代西方刑法学说史略》，中国检察出版社 2004 年版，第 342 页。

③ 马克昌：《比较刑法原理——外国刑法学总论》，武汉大学出版社 2012 年版，第 46 页。

④ ［法］安塞尔：《新刑法理论》，卢建平译，香港天地图书有限公司 1980 年版，第 90 页。

前提下减少或改变刑罚的适用。① 后者是安塞尔新社会防卫论的重要内容，概言之，主要包括"四化"：一是非犯罪化。即取消如王权罪等没有必要作为刑事犯罪予以规范的罪名，以便集聚司法资源治理更重要的犯罪行为。二是非刑罚化。对之前应当适用刑罚的犯罪行为不再适用，使其免予刑罚制裁。三是受害人化。在司法过程中，重视受害人的权益，积极对受害人的损失进行赔偿或弥补。四是社会化。不再将犯罪问题置于狭窄的刑事法领域内，而是拓宽思考与回应的边界，将预防与惩治犯罪推及社会政策学范畴内。②

新社会防卫论学派的进步的思想观点尽显对犯罪行为人的人道主义关怀。虽然目前的文献资料表明该学派并未对未成年人犯罪的预防和处遇问题作专门探讨，但就目前的刑事司法现状而言，新社会防卫论的重要理论成果在未成年人司法领域得以更大程度地实践与延续。以安塞尔为代表的新社会防卫论学派所主张的"非犯罪化"、"非刑事化"以及"非监禁化"，在未成年人司法领域获得广泛认可与接受，而这"三化"的主张与倡导也可谓广义层面的未成年人司法转处的基本内容。新社会防卫论追求的"行为人复归社会"的目标与转处的根本目标一脉相承，故可证转处的理论基础之一为新社会防卫论。

未成年人司法、犯罪学与刑事法领域的相关理论分别构成了未成年人司法转处的三大理论基础，国家亲权理论从未成年人司法的哲学根源出发为未成年人司法转处提供了根基性的理论支撑，标签理论和差别交往理论从未成年人违法犯罪的原因出发为未成年人司法转处提供了指引性的理论支撑，刑事实证学派的理论和新社会防卫论从未成年人犯罪的处遇方式出发，为未成年人司法转处提供了建设性的理论支撑。

---

① 马克昌：《比较刑法原理——外国刑法学总论》，武汉大学出版社 2012 年版，第 49 页。

② 马克昌：《比较刑法原理——外国刑法学总论》，武汉大学出版社 2012 年版，第 260 页。

第三节　未成年人司法转处的目标

　　未成年人司法转处在一定的客观条件和各方需求下应运而生，为实现特定的目的而不断发展。目的与目标并不相同，前者较为抽象与概括，是某项事物或活动理想性与终极性的追求，评判其是否实现属于价值判断，主观性更强；后者则较为具体与明确，是具有阶段性与现实性的追求，评判其是否达成可以依据客观指标或数据得出结论，属于事实判断。目的的最终实现依赖于某项事物或活动分解出来的具体目标的达成。

　　未成年人司法转处的目的包括两个方面，一是未成年人司法体制以未成年人最佳利益为核心考量因素；二是平衡未成年人福利与司法控制的扩张。未成年人司法转处的目的贯穿于各个目标始终。一方面，未成年人司法转处目标可依宏观与微观、远期与近期、理念与制度予以区分；另一方面，未成年人司法转处会对未成年人与司法产生深刻影响，将未成年人从成年人司法体系中予以转处对于未成年人与司法有诸多潜在优势，[①] 其目标的设定与实现可从这两个方面进行衡量，故对未成年人司法转处目标的研究将从这两个视角切入。

一、与未成年人有关的目标

　　针对未成年人而言，未成年人司法转处的目标主要包括两个方面，一是避免或减弱正式司法体系造成的负面影响，即避免或减弱污名化效果；二是为需要帮助的未成年人提供服务。

（一）避免或减弱污名化效果

　　根据标签理论，正式的犯罪干预或对未成年人违法犯罪行为运行正式的司法反应机制，会给个人贴上污名化的标签，从而促使未成年人再次犯罪或实施更为严重的犯罪。社会标签是社会根据一定标准或规则对行为的定义，

---

　　① Whitehead, J. T. & Lab, S. P., *Juvenile justice: An introduction* (3rd ed.), Routledge, 2001.

遵守社会标准或规则被视为常态，而违反则被视为越轨行为。司法机构的标签化往往发生在其处理未成年人的行为之时。因此，在审查违法或越轨的标签时必须考虑两个因素。第一，标签化是一个动态过程，故"越轨行为"在程度、时间和类型上有所区分。① 一般而言，标签是概念性的定义且与上述变量有关。第二，"初级越轨"和"次级越轨"存在差异。初级越轨是指初次违反社会标准或规则，其并不必然与"利己主义的态度和社会角色"发生联系。次级越轨行为是因"社会对初级越轨行为的反应机制所产生的问题"所致。换言之，次级越轨的产生原因是发生改变的自我概念（self-concept）、社会刻板印象和不公正的司法机构处理程序。这些负面影响产生于对初次越轨行为的标签化。标签对未成年人产生的污名化负面影响表现在三个方面：一是个人层面的，为了"适应标签（fit the label）"，个人会改变自我概念，自我概念的调整是个人对污名化的一种反应机制，消极的调整体现为"身份吞噬（role engulfment）"和"自我实现预言（self-fulfilling prophecy）"，它们均是标签的自我认可，从此将其作为自己的生活方式（态度和行为），使原本错误的自我概念成为现实，这是一个个人发展与感知的动态过程。② 二是社会层面的，陈规定型的社会观念会引发越轨亚文化和偏见两方面的负面影响，前者会导致未成年人越轨行为的终身化，后者会使个体变得疏远，并产生社会排斥感，从而导致终身犯罪。③ 三是司法层面的，司法机构通过自由裁量权的运用和与更严重犯罪者的接触加深标签的负面效应。

　　未成年人司法中有两种类型的转处。一是纯粹的转处，指对未成年人犯罪行为不施与任何官方的干预；二是"渗透（penetration）"转处，即减少未成年犯在司法体系中的参与。转处的影响随着时间和场域的变化而变化，在司法机构处遇程序中体现得最为明显。转处包括但不限于警察不逮捕、缓刑（probation dismissal）、法院惩戒（court dismissal）与社区处遇。转处的主要目标是减少未成年人与司法体系的接触，④ 未成年人司法转处针对上述三个方面避免或减弱标签的负面影响。一是增强自我概念，转处项目可以减弱身

---

　　①　P. Lerman, *Community Treatment and Social Control: A Critical Analysis of Juvenile Correctional Policy*, University of Chicago Press, 1975.

　　②　B. Shertzer & C. Stone, Fundamentals of Counseling, Houghton Mifflin, 1974.

　　③　B. Shertzer & C. Stone, *Fundamentals of Counseling*, Houghton Mifflin, 1974.

　　④　R. Carter & M. Klein, *Back on the Street: The Diversion of Juvenile Offenders*, Prentice-Hall, 1976.

份吞噬。① 转处项目强调自助（self-help）以削弱消极的自我印象，并且转处通过减少"表现出"自我期待（即自我实现预言）的倾向来增强自我印象。二是减弱陈规定型的社会观念。社会陈规定型的观念识别了偏差行为，但同时制造了价值体系之间的冲突。转处的目标是减少不同价值体系造成的污名化影响，有助于衔接规范文化与越轨文化，因此消极的陈规定型的社会观念因两种文化相互理解而减少。三是减少与正式司法程序的接触。转处有助于减弱其污名化影响。②

（二）提供服务

犯罪行为来源于决定一个人是进入守法或是违法角色的社会与个体因素的复杂交织体，取决于个体对合法机会和非法机会的接近程度，处于不同阶层的个体对这两种机会的适应是不同的。下层社会青少年由于其家庭背景的制约，很难有获得成功的合法机会，但在所处社区内却可以较多地接触各种非法机会（通过接触非法的行为、行为标准和坏榜样）；而中、上阶层的青少年借助于其家庭社会及经济地位的影响，一般都能以合法的手段达到自己的目标，并且在本社区接触非法手段的也较少。③ 此外，我国也有学者对影响未成年人犯罪的主要因素进行实证研究，且发现未成年人犯罪与父母教养、家庭环境、学校教育、社区环境、不良交往、不良资讯及其个体性因素密切相关。④

未成年司法转处不仅是指将未成年人从正式的司法体系中转出，也指根据未成年人的特定需求提供具体的服务与帮助。为解决造成未成年人违法犯罪的根本原因且预防再犯，针对未成年人自身能力而言，应当开展就学就业辅导与培训，使其具备谋求就学就业机会和独立生活的能力。少年犯罪次文化理论认为，未成年人之所以会实施违法犯罪行为是因为其社会地位处于劣势，社会竞争力低下，二者相互作用形成恶性循环，犯罪行为人与社会逐

① Spergle, *Community Problem Solving*: *The Delinquency Example*, University of Chicago Press, 1969.

② A. Binder, J. Monahan & M. Newkirk, *Diversion From the Juvenile Justice System and the Prevention of Delinquency*, Pergamon Press, 1976, p. 131 – 140.

③ 张远煌：《犯罪学原理》，法律出版社 2001 年版，第 68 页。

④ 张远煌：《中国未成年人犯罪的犯罪学研究》，北京师范大学出版社 2012 年版，第 207 页。

渐产生隔阂。社会经历与境遇相似的未成年人会形成和发展相应的价值与文化，可能会对他们无法融入的传统环境与文化进行破坏，因此应当开展道德教育计划，帮助未成年人理解、接受并顺利融入新的社会环境与文化中。此外，应当根据防止再犯的需要，对未成年人的家庭或社区提供相应的服务。

二、与司法有关的目标

将未成年人从正式的司法体系中转出，一方面为了节约司法资源，降低司法成本的支出，并且提升未成年人司法机制整体运行的效率；另一方面为减少再犯，实现正式的司法程序或未成年人司法难以达成的目标。

（一）降低成本并提高未成年人司法体系的效率

司法成本是指在整个司法活动中消耗的社会资源，亦称司法资源或司法投入，即司法机关在办理具体案件过程中所耗费的物质资源和精神要素的总和。[①] 然而，由于未成年人司法办理案件的特殊性以及前伸后延的工作内容，其司法成本的计算将更为复杂。未成年人司法的成本不仅应当包括司法结构、设施和计划，还应当将无形的组成部分考虑在内，即司法体系的人力部分，评估办理未成年人案件的工作人员的数量和质量。纵使已经具备周全的、创新的计划和程序保障措施，如果没有足够数量的训练有素且有献身精神的人，未成年人司法体系也只是一个空洞的承诺。[②] 由此可见，未成年人司法体制的顺利运行需要消耗大量的司法资源，而司法资源是有限的，应当将有限的司法资源投入案情重大、复杂、备受社会关注的案件中。在案件量不断上升的背景下，能够节约司法资源、降低司法成本的未成年人司法转处项目需求性提高。

从长远来看，转处项目比扩张未成年人警察、法院和矫正计划的成本更低。转处提供了重新分配给社区计划的资金和资源的可能性，从而满足一个更合理的公共政策的需要，而非传统的静态的未成年人矫正计划。因此，国

---

① 潘祖全、李英：《刑事诉讼视野下的司法成本节约》，载《人民检察》2006 年第 4 期。

② American Association Juvenile Justice Standards Project, Contemporary Studies Project, *Funding The Juvenile Justice System In Iowa*, Iowa Law Review, 1149 – 1318（1975）.

家同时节约了时间和金钱，从而将其投入其他关键问题上。① 未成年人司法转处通过三种方法降低司法成本：一是减少案件量。不论是法院拥有"先议权"的未成年人司法体制抑或流水线式的未成年人司法体制，未成年人司法在不同的阶段会对案件的走向作出判断，转处在每一阶段发挥其分流功能，将符合条件的未成年人从司法体系中转出，随着诉讼阶段的推进，案件量呈倒金字塔型逐级减少。未成年人司法成本的高低与案件数量直接相关，案件总量的降低有助于节约司法资源，极大地降低司法成本。二是降低正式审判的成本。就司法资源总体讲，未成年人案件的审判活动所消耗的司法资源最多，具有专业素养和丰富知识的审判人才需要接受培训并付出时间和精力，而且正当程序权利的保障、法庭调查、法庭审理或听证、作出裁判等活动无不耗费大量的物质与精神资源。未成年人司法转处的核心内涵之一是将未成年人从正式的审判程序中转出，即"审前转处（pretrial diversion）"。原本可能进入审判阶段的案件不再需要接受审判，能够促进降低司法成本目标的实现。三是减少监禁措施的适用。英国学者乔治·B. 沃尔德曾指出："在刑罚实践中，监禁刑作为最为普通的刑罚方法被普遍接受……但是监狱却是一个异常昂贵的机构——修建、维持和运作需要花费大量财富。"② 与非监禁刑相较，监禁刑的成本非常高昂，固定的行刑场所和设施、机构管理人员、被关押人员的生活费用等均需要巨大的开支。未成年人司法转处提倡非监禁刑，鼓励对未成年人在机构外予以观护或行刑，极大地节约了监禁刑的成本。

（二）减少再犯

有研究表明，未成年人违法犯罪后进入正式司法体系与再犯有较大关系。实施了违法犯罪行为的人受到刑事处罚是人生阶段的重大节点，其可能不再继续犯罪，也可能从此走上不断犯罪的不归路。若遭受刑罚的是未成年人，则会对其产生更深刻的影响，服刑过程不仅中止了其正常的学习与工作，而且将其置于充斥着犯罪经验与技能的场所，未成年人极易走上继续犯罪之路。被监禁的犯罪行为人的再犯可能性会更高，而被判处缓刑的犯罪行

---

① Timothy S. Bynum & Jack R. Greene, *How Wide the Net? Probing the Boundaries of the Juvenile Court*, in *Juvenile Justice Policy: Analyzing Trends and outcomes*, Sage Publications, 1984, p. 129 – 130.

② 谢望原：《欧陆刑罚制度与刑罚价值原理》，中国检察出版社 2004 年版，第 315 页。

为人的再犯可能性更低，如此便意味着监禁与否与再犯率的高低有着密切的关联，若犯罪行为人被附加财产刑，再犯率则更高。[1]

　　未成年人司法转处最直接的目标是减少再犯，[2] 或者在更广泛的意义上讲，指提升当事人的社会适应能力。理论上，转处通过三种方式减少再犯：一是将未成年人置于一项以社区为基础的处遇计划中，使其维持与家庭、社区和工作的稳定关系，而非对其施予监禁。[3] 根据社会控制理论，控制的类型之一是社会控制，即对家庭、学校和宗教等传统社会制度的依赖和介入等。未成年人司法转处使得未成年人尽最大可能不改变原生的环境与条件，有助于其迅速康复，重新融入社区。二是当未成年犯仍能感受到逮捕的影响而非已经在刑事司法中留置很久时，正是对其实施康复计划的适当时机。[4]未成年犯被逮捕后应当立即对其进行康复处遇，因为此时他的罪恶感最为强烈且没将其行为合理化的时间，其与社区的联系仍然完整。三是使未成年犯避免司法的污名化影响。[5] 未成年人司法转处使得未成年人避免或减少与正式司法体系的接触，尽可能使其免予遭受逮捕、审判或监禁刑等不良影响，从而相对地减少再犯。

🌱 三、小结

　　在20世纪六七十年代，成百上千的转处项目在美国涌现出来，但很快因范围和重心不同而产生极大的差异。有学者认为转处主要是指执法机构对未成年犯从司法体系中进行过滤以避免与法庭的一切接触，法庭作为处置的最后手段。也有学者认为转处应当是司法体系本身的主要活动，不论是当庭还是程序的其后阶段。有学者认为转处机构应当主要致力于社区或者地区的

---

　　① 参见马皑、［日］浜田寿美男：《中日法律心理学的课题与共同可能性》，中国政法大学出版社2015年版，第167－169页。

　　② S. REP. No. 417, 93d Cong. , 1st Sess. (1973) [hereinafter cited as S. REP. No. 417]; see also Statement of Robert Leonard, prosecuting attorney of Genesee County, Michigan, in Hearings on S. 798 Before the Subcomm. on National Penitentiaries of the Senate Comm. on the Judiciary, 93d Cong. , 1st Sess. , at 412 (1973) Hearings on S. 798.

　　③ S. REP. No. 417, 93d Cong. , 1st Sess. (1973), at 7.

　　④ S. REP. No. 417, 93d Cong. , 1st Sess. (1973), at 13.

　　⑤ S. REP. No. 417, 93d Cong. , 1st Sess. (1973), at 12.

服务体系的发展，即调配与协调区域间的资源。也有学者将转处视作向个人直接提供服务的机制（mechanisms），同时能够填补当地资源的空缺。此外，有学者认为转处项目的管理应当独立于执法机构与司法体系，也有学者认为警察和观护人能够有效执行转处项目。① 对偏差行为的正式反应机制制造了污名效果，它将个人与其他人分离开来，使其成为"越轨者"。正式的处置可能通过对不配合任何官方的行为实施制裁而形成强制力，以及通过将个人置于严格的行为准则之下而形成社会控制。这种强制力和社会控制加强了这一污名效果。这个过程使得个人认为自己是罪错行为人，而这一点会导致更多的罪错行为，最后，官方的干预成为更多罪错行为的根源。转处项目通过转出司法系统且提供服务的方式，减少或避免原本可能对未成年人导致的负面影响。②

就理论层面而言，未成年人司法转处的目标明确且极具价值，然而在实践中，其能否按照其预期的路径发挥所设想的功能，成功实现上述目标，则是另一个问题，这在学术界与实务界均存在一定的争议，例如有的学者认为未成年人转处不仅无法减少社会控制与强制性，甚至会延伸和扩张社会控制网络；③ 也有学者认为"扩大控制网"并不成问题，因为转处项目正好充当了未成年人青春躁动的疏通管道，从而避免了将来的暴力。争论仍在继续，控制网应当更广以确保未成年人因其犯罪行为承担一定的责任，例如社区服务。如果转处过程使得未成年人改变了长期的行为习惯，"扩大控制网"的意义也并非全是消极的。④ 因此，只有从理论与实践两个层面才能看到未成年人司法转处的全貌。

---

① Palmer, T. B. & Lewis, R. V., *A differentiated approach to juvenile diversion*, Journal of Research in Crime and Delinquency, pp. 209 – 227（1980）.

② Osgood, D. W. & Weichselbaum, H. F., *Juvenile diversion*: *When practice matches theory. Journal of Research in Crime and Delinquency*, pp. 33 – 56（1984）.

③ Edward Pabon, *Changes in Juvenile Justice*: *Evolution or Reform*, Social Work, pp. 492 – 497（1978）.

④ Hinshaw & S'Lee Arthur II, *Juvenile Diversion*: *An Alternative to Juvenile Court*, Journal of Dispute Resolution, pp. 305 – 322（1993）.

第四节　未成年人司法转处的特征

　　未成年人司法呈现出循环变革的特征。最初成人司法同时处理未成年人案件，未成年人案件被转处后，少年法院和未成年人司法诞生，最初，少年法院仅相当于处理未成年人犯罪问题的办事机构，并无明显的司法特征，未成年人问题的妥当处理依赖于具有爱心和责任感的法官。然而，随着少年法院的发展，其开始受到缺乏正当程序保障的质疑，未成年人司法逐渐被赋予正式司法的属性，然而未成年人正式司法程序的效果不尽如人意，在美国甚至面临被废除的危险。因此，部分未成年人案件再次被转处出来，只不过这次方式并非"立新"，而是适用转处项目。无论未成年人司法转处的形态进行何种演变，其所表现出的特征主要体现在以下三个方面。

一、关注正式司法体系对未成年人的消极影响

　　有研究表明，将未成年犯罪人员送入正式的司法审判程序，并未产生预期的犯罪控制效果，也就是未能减少反而增加了他们在未来的重新犯罪行为。[①] 正式的司法体系可能会对未成年人产生消极影响，具体是因为，前者往往包括警察机关、司法机关工作人员与未成年人进行接触、羁押和正式审判未成年人、监禁以及犯罪记录等程序。警察、司法机关工作人员不专业的执法与司法行为会对未成年人造成不良影响，尤其是警察处于接触未成年人的第一个阶段，因此其行为必须充分、适当且专业，否则未成年人极易形成对社会的负面评价，甚至形成反社会人格。羁押或监禁对于未成年人的负面影响更毋庸赘述，尤其是未成年人与成年人混同羁押或监禁对未成年人的危害更大。正式严肃的审判程序一方面可能会对未成年人产生心理压迫等不良影响，另一方面，接受处理的未成年人往往会被贴上罪犯的标签，严重影响其就学就业。正式司法程序的后遗症便是犯罪记录，会给未成年人带来终身负面影响。

---

　　① 梁德阔、徐大慰：《国外青少年犯罪的实证研究精解》，中国人民公安大学出版社2014年版，第141页。

总而言之，正式的犯罪干预措施的风险是产生标签化的负面效果，这种"努力控制"很可能产生马丁·因尼斯所说的"讽刺的结果"——制造"犯罪人"甚至"假象社会敌人"，增加社会不和谐因素。[①] 因此，未成年人司法转处理念要求将未成年人从正式的司法体系中转处出来，正是因为关注到正式司法体系对未成年人的危害性。同时，与未成年人有关的国际司法准则的规定也说明了这一点，例如联合国《儿童权利公约》第 37 条[②]与第 40 条[③]的规定。

二、重视未成年人承担责任的必然性

针对未成年人实施的违法犯罪行为，未成年人司法转处理念认为，应当采取不诉诸于正式司法程序的措施，但并不意味着未成年人无须承担责任。反之，未成年人司法转处理念重视未成年人承担责任的重要性与不可避免性。未成年人转处理念所要求的未成年人承担责任并非意指接受审理与刑罚，而是通过替代性的方案和措施约束和管教未成年人的行为，要求未成年人履行特定的义务或遵循特定的规则，未成年人经由这些方式充分认识到自己所犯行为的危害性并保证不会再犯。

将未成年人从刑事司法体系中转处出来，进入未成年人司法体系，未成年人必然应当对所实施的违法犯罪行为承担相应的责任，对未成年人进行处遇的专门的机构、工作人员、程序和场所等能够更多地考虑到未成年人的特殊性和福祉。将未成年人从成年人司法体系中转处出来，除了根据未成年人的情况直接释放之外，所采取照管、辅导、监督令等方案均是未成年人所应当承担的责任。未成年人司法转处理念下的责任承担并不追求如刑罚般的严酷性，而是用缓和的态度和方式坚持着必然性。未成年人司法转处理念下未成年人必然承担的责任不是随意确定的，而需要考虑综合因素。正如《儿童权利公约》第 40 条规定的"确保处理儿童的方式符合其福祉并与其情况和

---

① ［英］马丁·因尼斯：《解读社会控制：越轨行为、犯罪与社会秩序》，中国人民公安大学出版社 2009 年版，第 23 页。

② "对儿童的逮捕、拘留或监禁应符合法律规定并仅应作为最后手段，期限应为最短的适当时间。"

③ "应采用多种处理方法，诸如照管、指导和监督令、辅导、察看、寄养、教育和职业培训方案及不交由机构照管的其他办法。"

违法行为相称"。一方面，未成年人所承担的责任的确定与执行均应当与未成年人的福祉与健康成长的需要相称，尊重和体现儿童最佳利益这一未成年人司法的根本原则。另一方面，未成年人所承担的责任应当与未成年人的具体情况①和违法行为相当，应当考虑未成年人的品性、成长经历、家庭社区状况等具体情况和未成年人违法行为的严重性以及造成的损害，确定其应当负担的具体责任，从而实现未成年人司法转处理念所要求的目标。此外，未成年人司法转处理念也要求责任承担应当符合不同类型的未成年人的需要即福祉的要求，因此，责任承担的方案种类应当多元，以更加科学、合理、适当的方式对未成年人进行处遇。

三、强调未成年人回归社会的必要性

家庭、社区、学校承担着未成年人社会化、监管和控制的主要责任。未成年人实施违法犯罪行为，可能意味着其所处的周边环境出现了问题，也可能意味着未成年人脱离了家庭、社区、学校等环境。如果违法犯罪的未成年人进入正式的司法体系，一方面，司法程序本身对于未成年人的身心发展可能造成不良影响；另一方面，刑罚与犯罪记录会给未成年人带来污名化的烙印。

正式司法体系中的未成年人也需要面对回归社会即再社会化的问题，其回归社会的历程是"犯罪—服刑—刑满—回归社会"，从法学角度而言，其轨迹为"自由人—犯罪人—自由人"。回归社会的具体含义是"犯罪者通过依法惩罚和改造，刑满释放，国家刑罚执行机关依法解除其监禁状态，复归社会，恢复其被限制的权利能力和减弱了的行为能力，恢复人身自由，平等地享受公民权利和承担公民义务"。② 正式的司法体系强调对未成年人行为的处罚，处罚完毕后再关心未成年人回归社会的问题，而未成年人司法转处理念则更关注未成年人身心康复与顺利回归社会。这与《儿童权利公约》第

---

① 主要包括品格、经历、身心状况、家庭情况、社区环境、教育程度等方面。

② 王鑫宝：《中国回归社会问题研究文集》，社会科学文献出版社 1992 年版，第 2 页。

39 条①规定的精神相通。同时，第 10 号一般性意见（2007 年）第 10 条②也规定了帮助未成年人重新顺利融入社会优先于任何传统的刑事司法目标。未成年人司法转处理念的主要内容之一是促进未成年人顺利回归社会，一方面强调通过非司法化以及非监禁的措施使未成年人不脱离其家庭、社区等环境，不留犯罪记录以保证未成年人的就学、就业不受影响，另一方面强调为存在各方面问题的未成年人及其家庭主体提供服务与帮助，彻底解决导致未成年人违法犯罪的根本问题。

---

① "缔约国应采取一切适当措施，促使遭受下述情况之害的儿童身心得以康复并重返社会：任何形式的忽视、剥削或凌辱虐待；酷刑或任何其他形式的残忍、不人道或有辱人格的待遇或处罚；形成武装冲突。此种康复和重犯社会应在一种能促进儿童的健康、自尊和尊严的环境中进行。"

② "保护儿童的最高利益意味着，在处置少年罪犯时，诸如镇压/惩罚等传统的刑事司法目标都必须让步于实现社会重新融合与自新的司法目的。"

第二章　未成年人司法转处的理念之维

世界上第一个少年法院自诞生至今已走过近一百二十年，由专门机构处理未成年人案件基本成为世界各国的共识。著名法学家庞德曾说，未成年人司法制度是自英国大宪章以来，司法史上最伟大的发明。不过，未成年人司法制度并非一种"发明"，而是一种根植于特定时间点上的历史成果，[①] 是政治环境、经济条件、社会观念等一系列因素经由复杂的互相作用达至顶点的产物。

从另一个层面讲，少年法院或未成年人司法制度的产生原理又十分简单：改革者认识到刑事司法对未成年人造成的消极影响，故将未成年人从刑事司法中分流出来并单独处理。因此，少年法院或未成年人司法制度的正当化依据为转处理念。少年法院或未成年人司法制度的发展极易受到国家政策、社会条件以及公众舆论等因素影响，这将通过管辖范围、司法程序等具象的内容体现出来。不理智的因素会导致少年法院或未成年人制度的发展逐渐背离其初衷，转处理念则发挥着及时修正其发展方向的重要作用。不论是在已经有独立建制的未成年人司法的国家中抑或在未成年人司法尚未独立的国家中，转处理念均是未成年人司法建立与发展的重要根据，可以被称为是未成年人刑事司法的核心理念。[②]

第一节　未成年人司法转处理念的历史演进

未成年人司法转处理念贯穿于少年法院和未成年人司法制度诞生与发展的

---

① 郭静晃、曾华源：《少年司法转向制度之因应》，洪叶文化有限公司 2000 年版。

② 林维：《未成年人刑事司法转处理念研究》，载《吉林大学社会科学学报》2006 年第 6 期。

进程中，故对未成年人司法转处理念的历史梳理离不开对未成年人司法的发展
阶段的分析。根据未成年人司法历史和政策，诸多学者倾向于把未成年人司法
的发展进程划分为三个不同的时期：传统时期（traditional period）、正当程序
革命（due process revolution）时期①和惩罚模式时期（punitive model）。② 然
而，在本节开始之前需要注意的是，由于本书对转处的研究是从未成年人违
法犯罪处遇的角度出发的，故对少年法院或未成年人司法的关注与探讨也集
中在其对未成年人违法犯罪行为的管辖方面。具体而言，少年法院成立之
初，其所管辖的对象并不限于违法犯罪的未成年人。1899 年《无人照管、疏
于管教以及罪错少年处遇和监管法令》（An Act for the Treatment and Control of
Dependent, Neglected and Delinquent Children）生效后，库克郡少年法院得以设
立，将没有实施任何犯罪行为、只是无人照管或疏于管教的未成年人纳入少年
法院的管辖范围，是"干预主义"理念的产物，出发点是保护未成年人。而将
违法犯罪的未成年人从刑事司法中分离出来，且由独立的少年法院进行处遇，
是转处理念的成果。转处理念与干预主义理念有共同的理念基础，即国家亲权
哲学。因此，就少年法院而言，其正当化的理由既包括转处理念，也包括干预
主义理念，但就处理未成年人违法犯罪的少年法院而言，其正当化根据显然是
前者而非后者。由于除美国之外的其他国家的未成年人司法在已经独立或正在
独立的过程中，发展历程呈现出与美国未成年人司法发展阶段相似的显著特
征，故对转处理念的历史梳理以美国未成年人司法发展的历程为背景。

❤ 一、传统时期的转处理念（1900—1960 年）

19 世纪晚期，未成年人司法的概念在美国的几个州开始产生。1870 年萨
福克郡（Suffolk County）和马萨诸塞州（Massachusetts）将未成年人分开审
判，到 1872 年，全州推行这种实践。纽约在 1892 年制定了类似的法令，其次
是印第安纳州（Indiana）和罗得岛州（Rhode Island）。1893 年宾夕法尼亚颁

---

① 正当程序的基本涵义包括两个方面：一是在实体层面，司法应当遵循既定的合
理的规则和原则；二是在程序层面，未经适当的法律程序与安全保障，任何人不得被剥
夺其生命、自由和财产。

② Robert W. Taylor, Eric J. Fritsch & Tory J. Caeti, *Juvenile justice: policies, programs,
and practices*, Glencoe/McGraw – Hill, 2002, p. 89 – 95.

布法令，禁止 16 岁以下的未成年人与成年人监禁在一起。法律还要求将未成年人与成年人分开审理且分别记录。1899 年《伊利诺斯少年法院法》（Illinois Juvenile Court Act）巩固了这些实践做法。该法是美国第一部规定独立的未成年人司法体系的专门立法，其中确立了新体系的诸多假设与实践，即未成年人司法的传统模式。少年法院的作用与美国的刑事法院有根本的区别。此外，少年法院的官员被赋予了广泛的自由裁量权，以便能够处遇其管辖下的未成年人。

对新少年法院寄予厚望的改革者们，有两个理由认为新法院能够改善处理未成年人案件的刑事程序。一是以儿童为中心的少年法院可以避免刑事处罚对少年造成的诸多伤害。改革者认为，刑罚与监禁场所会促使未成年人走上犯罪生涯道路。从这个角度来看，少年法院的首要优势即其不会延续刑事司法体系对未成年人的破坏性影响。这种少年法院正当化的理论即转处理念，主张新法院比刑事程序所带来的危害更少，从而能发挥良好的效果。

少年法院的转处理念与新法院的干涉理论很容易区分开来。转处理念的方式是避免刑事法院的伤害，而干涉理论强调儿童福利专家实施的新计划所能带来的积极的优势。然而新法院早期的正当化理由就是为一个能够同时保护社区和治愈儿童的计划提供相应契机，当时人们并未察觉转处理念与干涉主义理念的不同点甚至冲突之处。同一个人，他相信转处理念是新少年法院的应有品质，但同时也会有肯定干涉主义理念的潜在可能性。[①] 因为人们没有同时意识到这两种理念的潜在冲突，建立新型少年法院的支持者没有必要从这两种彼此分离却又各有魅力的理念之间做出选择。

与干涉理念相比，转处理念有以下几个明显优点。一是不管新法院的干涉处遇是否起作用，都可以使它实现良好的社会效应。避免促使儿童进一步走上犯罪的道路只是一种近期成果，无论来自新少年法院的干预在规划上的可能性怎样证实它。二是这种减少伤害的方式适合新法院主要功能，即缓刑的形成和发展趋向。社区监督是一种难得而有效的干涉，与监狱、拘留所、囚犯劳动营相比，并没有将强大的司法权力施加在少年犯身上。它除了具有很高的道德原则外，还是成本较低的一种处理法定犯罪的方式。那么，从保护儿童的理念到经济上节约成本等各个层面上而言，转处理念对那些组建新型法院的人都充满着巨大吸引力。

在 20 世纪的前叶，改革者们将希望寄托在社会和教育的总体改变，以及在少年犯家庭背景下对他们采取的以社区为基础的缓刑监督。少年法院的

---

① Julian Mack, *The Juvenile Court*, Harvard Law Review, 104 (1909).

主要优势是对缓刑的适用。改革者的目标，用简·亚当斯（Jane Addams）的话来讲，就是"决意去关爱成长中的儿童，并为他们找到在正常社会下有序成长的方法而做真诚的努力"。在少年法院发展的过程中最卓越的成就就是早在 1908 年所确立的缓刑制度。① 对缓刑和以社区为基础的监督的强调恰好契合了少年法院的转处理念，少年法院的工作首先就是不要去伤害少年，然后才是在社区环境中试图帮助他们。缓刑，就其本质而言，是一种增量社会控制策略，它依赖于对象所处的社区生活的和谐及功能状况。

二、正当程序革命时期的转处理念（1960—1980 年）

少年法院自成立之初就受到批评，主要集中在少年法院的实用性、合宪性和缺乏惩罚方面。数几十年来，未成年人司法制度也经历了来自一般公众、实践者和司法制度的批评。这使得美国最高法院的一些决定从根本上改变了体系的运作。这些批评认为，未成年人司法制度无法实现其预期的使命，即挽救未成年人。诸多滥用自由裁量权的行为导致美国最高法院最终得出结论，未成年人遭受到的是"世界上最差"的处遇。换言之，未成年人既没有在法院中得到公平的待遇，也没有在未成年人矫正制度中得以康复。未成年人司法中相互冲突的目标（未成年人的最佳利益或社会的最佳利益）使得其程序与最终导致惩罚、威慑和能力丧失的刑事审判之间的区别难以察觉。

20 世纪 60 至 80 年代间，未成年人司法正当程序的变革经历了从未成年人被认为是父母或国家的财产到被认为是享有相关权利和保护的自然人这一变化。对未成年人司法制度的批评和正当程序革命导致了实体性和程序性司法的改革。在程序上，少年法院已遵循正当程序。② 在实体上，少年法院将

---

① Steven L. Schlossman, *Love and The American Delinquent*: *The Theory and Practice of "Progressive" Juvenile Justice*, University of Chicago Press, 1977, p. 1825 - 1920.

② 在 1967 年的"高尔特案"中，联邦最高法院从实质上将少年法院从一个社会福利机构转变成了一个更为正式的法律机构。参见 In re Gault, 387 U. S. 1（1967）。在 1970 年的"温希普案"中，法院裁定国家对未成年人越轨行为的证明必须达到"排除合理怀疑"的程度，而非较低层次的民事证明标准。参见 In re Winship, 397 U. S. 358（1970）。在 1971年的"麦基弗诉宾夕法尼亚州案"中，引发了联邦宪法第十四条修正案的正当处理与基本公正原则是否要求国家为越轨未成年人提供陪审团审判。参见 Mckeiver v. Pennsylvania, 403 U. S. 528（1971）。

只处理更严重的犯罪，身份犯逐渐由非司法机构进行处遇。未成年人司法大多数的最初设想在正当程序革命中得以保存。这些假设的变化是由于未成年人司法体系自身的滥用而造成的，并非意味着放弃其最初的目标。在这场革命中只有两个明显的变化：一是未成年人司法制度不需要创始者最初设想的那么宽泛的自由裁量权；二是正当程序很重要，并且有助于未成年人的处遇。

正当程序革命所确立的权利与保护制度均与未成年人司法的转处理念相一致。严格的举证责任或为未成年人指定律师并不削弱少年法院的转处性功能。使用少年犯这一术语或承认少年法院的处罚措施具有惩罚的功能，这也不会对少年法院的转处理念制度构成任何威胁。由美国联邦最高法院批准成立的少年法院主要是通过让未成年人免受牢狱之苦而达到保护他们的目的。少年法院在不威胁自身实质使命的前提下，应节制其惩罚权，即将它限制在证据确凿且程序合法公正的案件范围之内。对于少年法院的这一目的而言，不规范的司法权力的恣意妄为是不必要的。在 1967 年高尔特上诉案之后，转处理念得到了美国未成年人司法制度的认同，而且这种趋势也影响了其他的发达国家。

根据传统的少年法院的转处理念，1974 年立法的两个主要目标彼此吻合。联邦法律的第一个目标是把未成年人从美国监狱里分离出去。1899 年，转处理念主张者工作的核心内容是对儿童采取保护性的隔离。同样，1974 年立法的第二个主要目标是身份犯的非监禁化。身份犯的概念是少年法院干涉主义理论的一个重大弱点。但是，限制对非犯罪行为的强制干涉与未成年人司法的转处理念之间并没有必然的冲突。

三、惩罚模式时期的转处理念（1980 年至今）

近年来，对未成年人司法制度最多的批评是其在处理暴力犯罪和惯犯方面的效果并不理想。虽然大量的研究表明未成年人暴力犯罪和再犯是小数目，但是该问题引起了公众、媒体和政客的极大关注。未成年人司法体系的工作人员无力应付这些罪犯，导致了一系列始于 20 世纪 70 年代并持续至今的"强硬"立法。在惩罚性模式（punitive model）下，未成年人司法制度的功能已转变为评估未成年人的行为对社会造成危害的程度，并采取适当的惩罚措施以制止未成年人再犯。该项变化在得克萨斯州 1996 年颁布的 327 号法案中体现得尤为明显。这项法律现在用于规范二十二种犯罪行为，根据实施的罪行，未成年人可被判四十年有期徒刑。少年法院的法官在少年法庭可对未成年人判处这些刑罚。未成年犯在得克萨斯青年委员会（Texas Youth Commission）服刑直至年满十七岁，届时将举行审查听证会。少年法院法官可以把未成年人送回青年委员会服刑至年满二十一岁或送往监狱系统服刑。因此，放弃管辖权进入得克萨斯成人法庭的人数最近有所下降，未成年人司法制度的目标已经从提供保护和治疗少年犯转为对其定罪量刑。未成年人司法制度已不能满足其挽救未成年人的预期的使命。未成年人司法体系的惩罚模式的目的在 1996 年的《衡平未成年人司法和预防犯罪法》（Balanced Juvenile Justice and Crime Prevention Act）中得以界定和接受。这一联邦法律继而在数个州中得到了回应，改变了未成年人司法体系的根本目的。

　　未成年人的惩罚模式受到了诸多质疑和批评，曾有学者指出，"曾经寻求改善被忽视、虐待和犯罪的未成年人所处的社会条件的司法体系已经成为一种从一个极端到另一个极端经常摇摆不定的制度"。[1] 在现代未成年人司法制度中，彰显转处作用和重要性的依据反而来自对现代少年法院的抨击。从另一个角度来看，批评者们为谴责少年法院而提出的一些术语也是对少年法院转处理念的一种称赞，如"旋转门司法"[2] "轻拍手腕"[3] 等。在相当程度上，批评者的攻击是建立在一定的经验事实之上的，对于在整个 20 世纪力求避免对所处案件做出最严厉处罚的少年法院而言，那些攻击对其功效有所裨益。[4]

　　但值得注意的是，严惩的对象主要是实施了暴力、严重犯罪的未成年人以及惯犯等，不包括实施轻微犯罪的未成年人或身份犯。因此，在未成年人

---

　　① Sharp, Paul M. & Barry W. Hancock eds. , *Juvenile Delinquency: Historical, Theoretical and Societal Reactions to Youth. Englewood Cliffs*, New Jersey: Prentice Hall, 1995.

　　② "旋转门司法"（revolving door justice）是指批评家们指责少年法院对那些未成年犯们"抓了就放、放了又抓"反反复复、断断续续的做法，这样实际上是纵容了未成年人犯罪。

　　③ 轻拍手腕（slap on the wrist），是指轻微的惩罚，且往往是指某人得到的惩罚要比他应该得到的惩罚要轻。具体是批评家们指责少年法院在对未成年犯的处罚上过于轻微，过于放纵。

　　④ ［美］玛格丽特・K. 罗森海姆、富兰克林・E. 齐姆林、戴维・S. 坦南豪斯、伯纳德・多恩:《少年司法的一个世纪》，高维俭译，商务印书馆 2008 年版，第 168 页。

严惩模式的背后是对轻微犯罪、身份犯等行为更宽容的处遇方式。① 可见，在未成年人司法惩罚模式下，对轻微犯罪的未成年人和身份犯更宽容和非正式的处遇充分遵从了转处理念。

第二节　未成年人司法转处理念的具体形态

"理念"一词来自西方哲学史中的一个重要理论范畴。柏拉图认为，"理念是事物的原因"，事物之所以存在，是因为它们"享有"了理念，而理念是永恒不变的、绝对的，是唯一真实存在的。或者更为简单地界定"理念"，就是指原理、原则、信念和精神取向。它是一种制度在建构和设计中内在的指导思想和哲学基础，是一系列价值选择的结果，并指向某种特定的目标。②

未成年人司法转处理念是指导未成年人司法诞生以及发展的理念。正如上节所述，未成年人司法呈现出循环变革的特征。最初少年法院仅相当于处理未成年人犯罪问题的办事机构，并无明显的司法特征，然而，随着少年法院的发展，未成年人司法逐渐被赋予正式司法的属性。未成年人正式司法程序的效果不尽如人意，因此，一些国家将部分未成年人案件再次转处出来适用转处项目。转处理念与项目大受欢迎的同时，也遭遇一些挑战和质疑，未成年人司法似乎再一次开始周期性的循环。未成年人司法理念的具体内容应当从三个方面予以探讨。

❂ 一、未成年人司法转处理念是主体性观念

理念是思维和行为导向，是理论认识的原点，是内化于主体之中最概括、最深刻、作用和影响最重要的精神要素。③ 未成年人司法转处理念应当

---

① 转引自姚建龙：《超越刑事司法　美国少年司法史纲》，法律出版社 2009 年版，第 195 – 196 页。William B. Waegel, *Delinquency and Juvenile Control: A Sociological Perspective*, Prentice – Hall, 1989 p. 194.

② 卞建林：《现代司法理念研究》，中国人民公安大学出版社 2012 年版，第 4 页。

③ 张文显：《张文显法学文选　司法理念与司法改革》，法律出版社 2011 年版，第 144 页。

内化于每一个办理未成年人案件的司法工作人员的行为中，成为其职业信仰并融入职业习惯；应当成为每一位关注未成年人司法发展的人们所坚持的信念。少年法院和未成年人司法的诞生是未成年人司法转处理念发展达至第一次顶点的产物。未成年人司法的发展是未成年人司法转处理念有效运行的结果。转处理念或潜移默化或洗削更革地影响着美国未成年人司法的发展历程。1926 年，国家缓刑委员会将转处理念具象化为未成年人司法实践："未经正式法院审理的情况下尽可能多地处理案件是最好不过的。通过缓刑部门对案件进行非正式处理的制度广为接受，在许多法院中有一半或更多的案件是以这种方式处理的……该制度已普遍适用，而且被普遍认为是有益的，因此委员会认为应该在法律上予以承认。"① 转处理念发展至第二次顶点则表现为转处项目的改革，在 1967 年总统执法和司法委员会的报告中，首次公开宣布了正式的改革。② 1974 年美国国会通过的《未成年人司法与犯罪预防法（JJDP）》强调运用计划（programs）"将未成年人从传统的未成年人司法制度中转出并提供急需的非机构的替代方案"。③ 综上所述，未成年人司法转处理念是未成年人转处制度建构与发展的基础，深入人心的转处理念能够促进并及时修正未成年人司法的发展方向与路径。

🕐 二、未成年人司法转处理念是未成年人司法的理念而非未成年人司法理念

研究未成年人司法转处理念不可避免的问题之一即其与未成年人司法理念的关系。有学者认为，未成年人司法理念即国家应当对实施了违法犯罪行为的未成年人与成年人加以区别，将他们视为值得被教育和引导的人，而非无可救药的罪犯，应当帮助他们回归社会。④

这似乎与未成年人司法转处理念的内涵相同，然而笔者认为二者的关系

① National Probation, A Standard Juvenile Court Law 15 (1926).

② President's Commission on Law Enforcement and Administration of Justice, The Challenge of Crime in a Free Society, Washington, D. C. 1967.

③ 42 U. S. C. § 5602 (b) (2) (1988). 该法建立了未成年人司法与犯罪预防办公室，是在犯罪领域负责的唯一一个联邦机构。

④ Larry J. Siegel & Joseph J. Senna, *Juvenile Delinquency*, West Publishing Company, p. 6. 转引自姚建龙：《中国少年司法研究综述》，中国检察出版社 2009 年版，第 41 页。

并非如此。综观我国现代未成年人司法理念的学术观点，该理念主要包含四类：一是未成年人健康成长理念；二是国家监护权理论及儿童特别保护观念；未成年人保护和未成年人责任理念；三是国家是未成年人的最高监护人、未成年人不能预谋犯罪及教育刑理念；四是刑罚个别化、未成年人宜教不宜罚及恤幼理念。因此，未成年人司法理念无法囊括未成年人司法转处理念的内涵实质。此外，二者的地位不同，未成年人司法转处理念是未成年人司法整体构建与发展的核心理念，而未成年人司法理念是立法、司法和执法过程中应当遵循的基本理念。因此，未成年人司法转处理念无法等同于未成年人司法的理念。未成年人司法转处理念与未成年人司法理念或许有相同的基本原理，如国家亲权哲学，但二者从不同的角度和层次出发，以不同的方式和内容共同推动未成年人司法的发展。

三、未成年人司法转处理念的现实针对性

未成年人司法转处理念并非虚无缥缈，其精神内涵是稳定的，且对未成年人司法的贡献往往通过具体的方式实现或表现出来。未成年人司法产生与发展的历程表明其具有很强的现实针对性，由于政治、经济、文化以及社会观念等因素的影响，未成年人与成年人在同一刑事司法体系下被逮捕、拘留、起诉、审判和监禁所造成的消极影响得到关注，未成年人司法转处理念主导了未成年人案件从成年人司法系统中的分离，从而建立了独立的审判机构和司法体制。

为了避免正式司法程序给未成年人带来的负面影响，应对未成年人司法没有完全实现其康复目标的质疑，一项重大的矫正运动于 20 世纪 60 年代末兴起，即适用转处项目。1974 年的《未成年人司法与犯罪预防法》极大地推动了针对被转处的未成年人提供的社会服务的发展。它引起了全美对转处概念的关注，并激发了后续联邦政府为转处项目提供资金的动力，使得转处在全国范围内成为官方程序的替代性方案。直到七十年代中叶，成百上千的转处项目遍布美国。未成年人司法转处理念具化为立法、司法及项目计划等方式针对性地解决现实中的问题与障碍，从而推动未成年人司法的前进。

第三节　总结与反思

一、总结

关于未成年人、未成年人犯罪以及如何处理这一问题的基本假设在未成年人司法制度的历史上发生了巨大的、周期性的变化。目前对未成年人犯罪采取强硬措施是很容易的，未成年人司法的新趋势基于法律和公众对未成年人犯罪愈加严重的认识，未成年犯和成年犯一样危险，而且未成年人司法体系没有保护公众免受这些未成年人的侵害。未成年人司法体系已经从以行为人为基础转变为以行为为基础，康复理念让位于公共保护。目前的做法认为惩罚和责任是恢复性的。不管这个想法的优势为何，它与最初创始人的假设有明显的区别。未成年人司法制度的不断变化的目标更多地反映了对未成年人犯罪本身态度的改变，而不是对原有目标的缺陷的关切。

未成年人司法政策在康复模式与惩罚模式之间循环是由其诞生以来的常态因素造成的。可能会有一个时期，面对未成年人犯罪只有两种选择，即严厉惩罚或置之不理。未成年人司法制度成功与否某种程度上而言是一个解释学意义上的问题。然而，这个体系处理大量未成年犯，且绝大多数人并未再犯，基于此足以评价该体系是成功的。托马斯·伯纳德（Thomas Bernard）声称，未成年人司法体系的周期性变化注定会持续，直到循环哲学的语境被打破并且我们极度重视导致未成年人犯罪的社会条件。他坚信，尚未出现的未成年人司法政策，或"某个良方"，将把未成年人转化为低犯罪率群体。①

虽然未成年人司法体系在过去甚至未来呈现周期性的变化，在福利与惩罚之间摇摆，在未成年人康复与社会保护之间徘徊，但作为未成年人司法诞生与发展正当化根据的转处理念从未被削弱，依然发挥着不可替代的作用。未成年人司法的转处理念不仅符合未成年人成长的现代理论，也与作为未成

---

① Bernard & Thomas J. , *The Cycle of Juvenile Justice*, Oxford University Press, 1992.

年人罪错回应的程序公正及均衡原则相适应。[①]

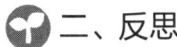 二、反思

　　未成年人司法转处理念蕴含着特征鲜明且丰富充实的内涵，然而其并非为所有人所认可和接受，有的学者甚至提出意见，质疑未成年人司法转处理念的正当性，批评其在实践运行中的表现。这些反思的声音应当得到重视，有助于更充分地理解未成年人司法转处理念和更有效地运用未成年人司法转处理念。

（一）缩小抑或扩张社会控制

　　社会控制是指对社会群体的行为进行规范与管理，保证各方和谐共处，维护稳定的社会环境与制度，促进社会向前发展的过程。[②] 学者帕尔默（Palmer）和路易斯（Lewis）认为未成年人司法转处的目标之一是降低正式司法体系施加的社会控制。[③] 然而，也有学者批评未成年人司法转处不仅没有实现降低社会控制的目标，甚至延伸或扩张了社会控制网。[④]

　　具体表现在三个方面：一是转处进行社会控制的标准，即实现身心康复目标和判断未成年人危险性的需要必然导致社会控制的扩大。[⑤] 如果社会控制的程度或期间是由治疗的必要性而不是惩罚性的考虑决定的，那么对个人施加的社会干预程度可能远远超出他预期的惩罚范围。"治疗"未成年人所需要的时间与其犯罪行为所造成的伤害无关。[⑥] 二是对未成年人危险性的判断标准也使得转处具有扩张性。转处提供了一个只要认定未成年人具有危险

---

　　① ［美］玛格丽特·K. 罗森海姆、富兰克林·E. 齐姆林、戴维·S. 坦南豪斯、伯纳德·多恩：《少年司法的一个世纪》，高维俭译，商务印书馆 2008 年版，第 158 页。

　　② 徐祥运、刘杰编：《社会学概论（第 4 版）》，东北财经大学出版社 2015 年版，第 283 － 284 页。

　　③ Ted Palmer & Roy V. Lewis, An *Evaluation of Juvenile Diversion*, American Sociological Association, 1980, p. 366.

　　④ Edward Pabon, *Changes in Juvenile Justice*: *Evolution or Reform*［J］. Social Work, 1978（6）：492 － 497.

　　⑤ Lewis, *The Humanitarian Theory of Punishment*, Res Judicatae, 224 － 230（1953）.

　　⑥ Kirby, Bernard C., *Doubts About the Indeterminate Sentence*, Judicature, 63 － 67（1969）.

倾向便可以对其实施中间措施予以监控的机会，而无须花费时间和精力向法庭证明未成年人有罪。正如"治疗"的概念一样，对危险性的判断本质上是没有限制或基础的，完全是由相关主体决定的。三是对自由裁量决策的依赖使转处扩张社会控制。为保证转处效率以及康复需要，自由裁量权是必须存在的。但自由裁量权的另一方面则表现为任意性。在转处的背景下，对自由裁量权的重视可使以预防和康复为目标的扩张性倾向不受控制地继续下去。但有学者认为未成年人司法转处"扩大控制"并不是一个大问题，因为转处正好疏通了未成年人在青春期自然生发的越轨行为，从而抑制将来更加严重违法犯罪行为的发生。①

未成年人司法转处减弱了还是增强了社会控制的问题仍没有定论，如果转处促使未成年人改变了自身的不良行为，改善了未成年人所处的环境，"社会控制的扩张"的意义不一定是消极的。未成年人司法转处的确会给人带来一种以不同的社会控制方法代替之前的社会控制的错觉，如果对其范围和程度进行有效把控，未成年人司法转处可以发挥有利的社会控制的作用。

（二）恢复性司法理念抑或缺乏对被害人的关注

有的学者批评，未成年人司法转处理念的关注重心完全只在未成年行为人方面，忽略了对被害人的关注，未能平衡双方权利。未成年人司法转处的目标之一是保护未成年行为人免受正当司法体系的伤害，意味着与被害人相比，未成年犯的权利更受关注。② 这种观点建立在保护未成年犯与保护被害人之间非此即彼、互相对立的基础上，逻辑是如果未成年行为人没有进入正式的司法程序，未接受审判定罪，被害人的权利就得不到维护和保障，强调通过司法与刑罚实现对未成年人的惩罚，才能保护好被害人的权利，其内涵是惩罚即正义。

事实上并非如此。未成年行为人的保护与被害人的保护并不存在实质性的冲突，一方面，这是两种不同的权利。未成年人司法转处通过将未成年人从正式的司法体系中转出，使其免受程序的不良影响，从而保护未成年行为

---

① Hinshaw & S'Lee Arthur Ⅱ, *Juvenile Diversion: An Alternative to Juvenile Court*, Journal of Dispute Resolution, 305 – 322（1993）.

② Peter Scharf., Towards A Philosophy For the Diversion of Juvenile Offenders, Journal of Juvenile & Family Courts, 13 – 20（1978）.

人。被害人的权利则通过其损失和伤害得到赔偿或补偿予以保障，而非通过重惩未成年人得以实现。两种权利的保护并不存在此消彼长的关系。另一方面，两种保护可以同时实现。根据未成年人司法转处理念，对未成年行为人进行转处后并非放任不管，而是以监督、辅导、社区服务等方式要求其履行相应的义务并遵守相应的规则，从而使其承担与其具体情况和违法犯罪行为相适应的责任。其中，未成年行为人应当履行的义务包括对被害人的赔礼道歉、赔偿损失等内容，这正是针对被害人的保护所作出的要求，被害人通过获得赔偿和接受道歉实现权利的保护。

诚然，未成年人司法转处理念并未直接提及被害人的保护，但其具体内容无不考虑到这一点。从另一个角度讲，只有充分考虑保护被害人的权利，才能真正实现未成年人司法转处的目标。未成年人司法转处理念重视被转处的未成年人与家庭、社区的关系，家庭、社区等环境是未成年人社会化与再社会化的重要场所。被害人与未成年行为人的关系恢复也是未成年人司法转处理念的内涵要求之一。正如《一般意见》第 27 条所规定的，"可酌情决定不诉诸司法审判处置触法儿童措施的确切性质和内容，并采取实施这些措施的必要立法及其他措施"，各国的实践表明，"已经制定了各种基于社区的方案，诸如由社会工作者或缓刑监督官监督和指导的社区服务、家庭会议和其他形式的恢复性司法，包括归还和补偿受害者的做法"。未成年人司法转处理念一定程度上蕴含着恢复性司法理念的内涵，只是二者的出发点或立足点存在差异。前者从未成年行为人与正式司法体系的分离出发，被害人的保护以及与未成年行为人关系的恢复是结果；后者则直接立足于未成年行为人与被害人关系恢复的目的。

第三章　未成年人司法转处的实践之维

　　未成年人司法转处理念发展的产物是实践，实践是理念的归宿与价值的体现。就未成年人司法发展的理想模式而言，未成年人司法转处理念的第一次实践即少年法院的成立，将未成年人从刑事司法中予以转移，置于未成年人司法的语境下进行处遇。第二次实践是指将未成年人从成年人司法中转移出来并进行处遇。然而，由于多重复杂因素的影响，各国未成年人司法发展的速度与程度各不相同，其未成年人司法转处实践并不一定能够按照理想状态进行。在诸多国家，第一次与第二次实践是同时进行的，即在迈向独立的未成年人司法的同时，试图将未成年人从正式的司法体系中转出并予以处遇，例如我国未成年人司法转处实践的发展就具有典型意义。因此，未成年人司法转处实践的内容与含义广泛而丰富，使得未成年人减少或避免受到正式司法程序所带来的不良影响并促使未成年人顺利回归社会的探索均在未成年人司法转处实践范畴之内。作为一种理念，未成年人司法转处的内容具有稳定性与共通性。未成年人司法转处实践在不同的时期、不同的国家，甚至不同的诉讼阶段均呈现出不同的内容与特征，本章从实体内容与程序内容两方面对实践类型进行考察。

第一节　基于实体内容的实践类型考察

　　域外未成年人司法处于不同的发展水平与阶段，未成年人司法转处实践也表现为不同的形式，体现出不同的特征，呈现出不同的态势。根据对域外国家和地区的未成年人司法转处实践的考察，可以将其类型化为三种模式，即转处项目模式（美国、荷兰）、恢复性司法模式（澳大利亚、菲律宾）以及警察警告模式。

一、转处项目模式

转处项目（diversion program）模式是域外未成年人司法转处实践的最主要类型之一，具体是指由官方或非官方的机构负责推动和运行对符合一定条件的未成年人进行司法外处遇的项目。一般而言，转处项目模式的主要特点表现为：

第一，转处项目的主要目的是避免标签化和与少年法庭有关的污名。

第二，转处可以是无条件的，也可以是有条件的。无条件转处指被转处的人接受教育、遵守规则，在特定的期限内不重新出现在少年法庭上。有条件转处可能要求未成年人参加讲座、个人或团体心理治疗、药物或酒精治疗，或职业、教育课程等项目。

第三，成功地完成转处项目意味着案件撤销。这些计划的期间有长有短，但大多数都会持续半年到一年的时间。

第四，转处计划可以有多种形式，大多数罪犯可能会具有参加的资格，也可能只有特定的罪犯符合条件，这意味着只有某些类型的罪犯可以适用转处计划。不过，严重或暴力的未成年人不符合转处的条件，甚至无法参加一般层面的转处计划。诚然，转处计划是作为第二次机会为初犯者设计的，同时也是通往其所需要的服务的途径。针对参加转处计划的资格，许多司法管辖区制定了严格的规则。例如，有的转处计划对资格的标准进行了具体说明，以避免参加主体的混淆。年龄标准一般仅限在 14 岁以下，实施的犯罪行为轻微且没有犯罪记录的年龄稍大的未成年人可以例外。转处的绝大多数的未成年人是初犯。根据司法管辖区的不同，曾与警察有过非正式的接触的或犯罪行为轻微的未成年人也有机会适用转处。最后，特定的犯罪行为通常被排除在转处计划之外，包括暴力犯罪、性犯罪、与武器有关的犯罪、毒品犯罪以及严重的财产犯罪。进行转处时，未成年人通常应当积极参加某种类型的处遇计划。不遵守转处的要求或实施新的犯罪行为将导致转处的自动终止。

第五，根据转介水平与干预程度，转处项目通常可以分为两类，一是警告或训诫项目（Caution or warning programs），它有助于将年轻人从系统中转移出去，除了警告或正式警告之外，不会采取进一步行动。未成年人可以在两个层面上被转介到警告与干预计划：起诉之前或之后。起诉前的转介往往涉及未成年人被警方逮捕并立即被转处，即被警告并释放或被转介到干预计划。"真转处"这一术语即指起诉前的警告计划，因为未成年人进入传统的司法体系的程度是最有限的。[①]

二是正式的转处项目（Formal diversion programs），该类项目通常涉及一些条件，包括认罪和（在计划可行且合适的情况下）签署参加协议。转处项目可以自己提供方案，也可以转介给外部机构由其提供。然而，并非所有正式的转处项目都涉及干预措施，也可能只是建立在某种监督的基础上。完全履行正式转处项目的条件通常不会导致进一步的行动。被指控的未成年人被正式起诉，在这种情况下，为其行为承担责任并同意参加转处计划的未成年人将不再接受进一步的司法处理。转处项目的完全履行将导致起诉撤回。对被起诉的未成年人进行转处的决定由检察官作出，在某些情况下，法官也可以作出转处决定。

转处项目模式的主要代表国家是美国与荷兰。在美国，未成年人司法转处践行至今，已经形成多种未成年人司法转处项目，主要包括四类转处项目。

第一类是青年服务局的转处项目。转处项目已经在美国践行多年。在20世纪60年代初，为了实现转处的目标，诸多司法管辖区建立了青年服务局。虽然仍不能准确地识别出被认为有犯罪倾向的未成年人（更确切地说，是处于风险中的特定的未成年人），父母、学校以及执法机构仍然可以将存在犯罪倾向的未成年人转介到社区中的青年服务局。[②] 事实上，青年服务局是当代社区处遇计划的先驱，因为其目的是招募社区中的志愿者并调动各种资源以协助未成年人的处遇。在青年服务局的概念中，未成年人处遇包括转介到各种社区服务、教育经历以及个人或团体辅导。青年服务局的组织者尝试编制现有的社区服务、机构、组织以及赞助者的名单，以使其可以合作并协调这些资源，以最有效的方式帮助未成年人。青年服务局转处项目的模式有：一是机构合作模式（cooperating agencies model）。该模式由若干不同的以社区为基础的机构和组织组成。每个组织或机构都向青年服务局

---

① Binder, Arnold & Gilbert Geis, *Ad populum argumentation in criminology*: *Juvenile diversion and rhetoric*, Crime and Delinquency, 640（1984）.

② Norman & Sherwood, *The Youth Service Bureau*: *A Key to Delinquency Prevention. Hackensack*, National Council on Crime and Delinquency.

计划至少提供一名全职工作人员。作为一个团队，这些工作人员试图让有兴趣的人士与有着不良自我概念或社会适应问题的未成年人共同相处。二是社区组织模式（community organization model）。这种特殊模式在社区公民严格自愿的基础上运行。他们被鼓励成立一个董事会，协助协调各种社区服务，以使接受服务的未成年人受益。这些组织会为离家出走或存在家庭困难或学校问题的未成年人提供临时住所。因此，这些机构将为那些需要紧急治疗或援助的人提供服务。三是公民行动模式（citizen action model）。顾名思义，该模式尤为重视公民行动。多元化的未成年人服务吸引着社区志愿者。每一个被转介到这些组织的未成年人都被视为个案，并举行案件讨论会以确定协助未成年人解决问题的最佳处遇方案。四是街道拓展模式（street outreach model）。这一模式主张在商业区域建立社区中心，对处于困境的未成年人进行团体与个人的辅导。这些中心在商业区的可及性是该模式最具吸引力的特征，因为它们涵盖了游荡在街道上的未成年人。五是体系修正模式（systems modification model）。这种模式提倡建立社区基础设施，联结学校、教会以及其他机构的功能，以帮助这些组织能够更有效地提供未成年人所需的服务。①

第二类是青年服务/转处项目和社区服务项目（Youth Services/Diversion Program and Community Service Programs）。加利福尼亚奥兰治县（Orange County）的青年服务/转处项目与社区服务计划公司成立于20世纪90年代，其服务于两个目标：建立责任感与减少家庭功能障碍。在奥兰治县选取的未成年人样本接受了数项试验性的干预措施，包括定期为少年法院的未成年人提供家庭辅导课程，和自己参加旨在增强自尊和自信的自助项目。并非所有的未成年人及其家庭都完成了该项目，将退出计划的人与完成计划的人进行比较，有证据表明，随着时间的推移，大多数成功完成项目的人比那些退出的人的再犯率更低。有学者认为，该方案具有成本效益，并可以在其他司法管辖区大规模实施。这一计划最积极的好处之一是使青少年的自我概念和心理健康得到改善。

第三类是转处附加项目（The Diversion Plus Program）。这个计划在肯塔基州的列克星敦市（Lexington, Kentucky）成立，自1991年7月开始运行，

---

① Alida V. Merlo, Peter J Benekos & Dean John Champion, *The Juvenile Justice System: Delinquency, Processing, and The Law* (8th ed.), Pearson/Prentice Hall, 2016, p. 410 – 412.

直到 1992 年 11 月。① 除了减少当事人的再犯，该计划的目标是在不造成歧视的情况下促进法律的一致性。参加计划的未成年人应当符合以下条件：一是年龄在 11 岁到 18 岁之间；二是被指控犯有身份罪或较不严重的违法犯罪；三是没有犯罪记录。整个计划为期两个月，从周一到周五，从下午 6 点开始。第一次课程的目的是引导当事人，并教他们作为一个团队来工作。为了促进人际信任与合作，首先对项目参与者的需求进行评估，并进行一对一的咨询和小组互动，强调通过实践项目进行主动学习。每次课程都强调建立自尊和自我控制，改善决策过程，独立生活技能，职业探索，药物滥用预防，娱乐和团队挑战。② 在了解某一特定主题（例如，独立生活）后，参与者使用获得的知识来完成特定的任务（例如，预算货币）。建立积分系统（point system）以鼓励遵守要求的行为，参与和完成要求后可以获得分数，而不遵从的行为则会减分。在计划的最后一晚，人们可以用他们的积分购买物品。此外，一份 100 美元的礼券送给积分最高的人。有 94 人参加了转处附加项目，其中一半是女性，平均年龄为 14.5 岁，81 名当事人完成了该计划。13 名未完成计划的未成年人大多数是因为不服从而终止项目。一项后续调查显示，63% 的当事人随后因各种指控再次被捕。其中，之前的身份犯由于犯罪行为又被重新逮捕，这表明，这个样本中的人群发生了从身份罪到轻微违法犯罪的升级。所以，我们无法由此得出高度参与该计划能够降低再犯率，但研究人员推断，如果没有这个项目，更多的未成年人将会进入未成年人司法系统中，后续可能会导致他们发生更严重的犯罪。③

第四类是社区委员会项目（The Community Board Program）。旧金山少年法院推出的一项创新是社区委员会计划，这是一个民间调解机制。该计划的适用对象是初次和再次犯罪的未成年人，他们被指控犯有轻罪，通常是财产犯罪，包括对一名或多名受害者造成财产破坏或损失。社区委员会的项目是安排志愿者、罪犯和受害者见面，并由调解人调解至双方满意，以此替代少年法庭审判听证会。这个项目的积极方面是受害者可以与那些伤害自己的未

---

① Kammer, James J. , Kevin I. Minor & James B. Wells, *An Outcome Study of the Diversion Plus Program for Juvenile Offenders*, Federal Probation, 51 – 56 (1997).

② VKammer, James J. , Kevin I. Minor & James B. Wells, *An Outcome Study of the Diversion Plus Program for Juvenile Offenders*, Federal Probation, 51 – 56 (1997).

③ Kammer, James J. , Kevin I. Minor & James B. Wells, *An Outcome Study of the Diversion Plus Program for Juvenile Offenders*, Federal Probation, 51 – 56 (1997).

成年人直接接触，并讲述对方行为对自己造成的伤害。在对该计划进行评估的研究中，将113名完成调解的未成年人与对照组进行了比较，发现年纪更小的未成年人对调解的反应最小，其再犯率要比对照组的同龄人高很多。简言之，这项调解计划不适合年纪更小的罪犯。年纪更长的未成年人受到见面会和调解的积极影响更多，其再犯率要远低于对照组。①

　　荷兰的司法模式更注重预防而非监禁，未成年人替代性措施取得较为丰富的成果，② 因此，除非罪行"严重"，警察更倾向于在采取社区服务或者其他措施等替代性措施之前适用所谓的教育性制裁（pedagogical sanctions），检察官和法官可以采取由学习和工作内容组成的任务刑。荷兰典型的未成年人司法转处项目为暂停项目（Halt program），即在警察层面，针对某些轻微罪行的未成年初犯者设计一项特殊的替代性解决方案。③ 目前，荷兰全国范围内有12个暂停办事处，未成年人和已满十八岁的青少年均可由警察转介给暂停办事处适用暂停项目。

　　暂停办事处是一个组织，与当地政府、警察与司法机关解决由12～18岁的未成年人实施的犯罪行为，例如故意破坏财物、盗窃、入店行窃或者烟火危害，在大多数情况下，该组织往往采取简单的制裁措施，如培训课程或某种社区服务。选择这种解决方案的青少年同意执行一项项目，通常包括损害赔偿和达二十个小时的培训。尽管暂停程序未被规定在荷兰刑法中，但它仍可以被视为正式司法体系的一种替代方案，因为一旦一项成功的暂停项目完成，起诉就会被正式撤回，从而避免未成年人留下犯罪记录。暂停方案的理念是，对不良行为和应受惩罚的行为的容忍实际上会鼓励这种行为。如果这种行为不受惩罚，它就会变成明显可以接受的行为，然后可能会再犯或导致更严重的行为。暂停方案清楚地表明未成年人犯罪是不能容忍的。暂停办事处也积极参与未成年人犯罪预防的不同领域，如咨询服务、教育方案和其他预防犯罪活动等。

---

① URSA Institute, Community Involvement in Mediation of First and Second Time Juvenile Offenders Project of the Community Board Program of San Francisco. San Francisco: URSA Institute.

② Peter H. van der laan "Just Desert and Welfare: Juvenile Justice in the Netherlands", in j. junger – Tas and S. H. Decker（eds.）International Handbook of Juvenile Justice,（Springer 2006）: 161.

③ 参见荷兰 halt 计划官方网站 www. halt. nl。

每年荷兰警方都会转介大约 17000 名未成年人到暂停办事处，适用暂停项目。在执行暂停项目时，暂停办事处适用的基本原则包括：（1）迅速司法原则，暂停办事处迅速且一贯地对犯罪行为在早期阶段作出反应。（2）标准既定原则，暂停办事处对未成年人的行为作出反应，明确表示犯罪行为是不可接受的，并向他们提供替代方案。强调将以积极的方式影响未成年人的行为并防止再次犯罪。（3）罪行相一致原则，培训内容显然与罪行及其后果有关。作为计划的一部分，未成年人必须道歉并支付赔偿金。在这个过程中，未成年人面对行为的后果，也有机会解决他们的不当行为。（4）低门槛和个性化方案的原则。暂停办事处权衡未成年人的背景、年龄和特征。如果条件允许，在未成年人居住的地方进行采访。（5）未成年人的抚养人参与的原则。暂停办事处需要未成年人的抚养人参与暂停项目发挥教育功能。

参加暂停项目的未成年人应当符合以下标准：（1）已满 12 岁不满 18 岁；（2）因下列罪行被捕：破坏公共财产；滥用紧急服务；破坏公物及涂鸦；（试图）独自或结伙偷窃（如入店行窃）；（试图）挪用公款；处理赃物；交换价格标签；社会治安行为；公众投毒；非法侵入；扰乱公共交通秩序、安全或良好运作；旷课；与烟花爆竹或妨害治安有关的违反法律的罪行。（3）承认罪行；（4）之前没有参加过暂停项目，上一次参加计划至今已经超过一年；（5）转介是完全自愿的。

暂停项目的内容丰富多样，时间从 2 到 20 小时不等。处罚取决于诸如犯罪、未成年人的年龄以及未成年人之前接触过暂停办事处的次数等因素。固定的组成内容是在暂停办事处与未成年人及其父母进行会面，学习如何向受害者道歉和赔偿损失；学习任务，有时可能包括工作任务。主要内容有：（1）会议（meeting）。一名被转介到暂停办事处的未成年人将被邀请参加三次会议。会议会向他解释暂停项目的内容并说明对他的期望。未成年人如果不参加暂停项目，则会被转介到检察官处。会议会联系家长，向他们阐明积极参加计划的重要性，并向他们解释可能的结果。未成年人将尽可能改正错误行为。（2）道歉。暂停项目的内容之一是未成年人向受害者道歉。该部分对于未成年人来说通常比打扫 20 小时卫生更困难，因此，暂停项目帮助未成年人如何表达他们的歉意。如果无法当面向受害者道歉，未成年人可以通过写信的方式表达歉意。暂停办事处建议在未成年人见受害者时有家长陪同。（3）学习和工作任务。根据犯罪的类型，未成年人可以分到一定时间的学习和/或工作任务。学习任务可以包括家庭作业、个人教育处罚或集体活动。（4）和解。如果未成年人造成损害，就必须赔偿。暂停办事处为受害者和未成年人起草和解协议。年龄在 12 岁或 13 岁、不能对损害承担法律责任的未成年人，将会获得援助以达成暂停项目的和解方案，并要求父母参与。（5）协议。未成年人必须自己签署协议，未满 16 岁的未成年人需要父母的书面同意。已满 16 岁的未成年人的家长将收到有关和解协议的书面通知。（6）完成。一旦未成年人履行完他们的义务，该计划就成功完成。暂停办事处将通知调查人员告知已取得积极结果，案件将不会被起诉。如果未成年人不能履行义务，检察官将起草官方报告，并将决定采取进一步的行动。未成年人将会面临比暂停项目更严厉的惩罚的风险，他们的姓名可能会进入犯罪记录。

二、恢复性司法模式

顾名思义，恢复性司法模式即通过家庭会议、被告人 - 被害人和解等形式对已经实施了违法犯罪行为的未成年人进行转处的模式。恢复性司法模式的主要特征有：一是避免未成年人进入正式的司法程序。恢复性司法模式作为未成年人司法转处的实践模式之一，最直接的目标必然是将未成年人从正式的司法程序中转出。二是多元主体深入参与。参与恢复性司法程序的主体包括未成年行为人、被害人及其家人、社区成员、警察、检察官、法官、律师等，他们均是受到未成年人行为影响或与处遇未成年人相关的主体。同时，该模式强调参与主体应当积极发挥在该程序中的作用，以帮助未成年人认识并主动承担应负的责任，从而顺利回归社会。三是恢复性司法的内容丰富。未成年人可以通过赔礼道歉、赔偿损失、社区服务等方式对自己所实施的行为负责。四是重视恢复被破坏的关系。未成年人的违法犯罪行为不仅会破坏其与受害者之间的关系，而且会打破社区或双方各自社区之间的平衡关系。因此，与另外两种模式不同，恢复性司法模式强调对被破坏的社会关系与利益平衡进行修复。

恢复性司法模式的主要代表国家是澳大利亚与菲律宾。澳大利亚有三种有关未成年人司法政策的假设，一是与法院系统的接触增加了再犯的风险，二是恢复性司法比传统的司法更有效地减少了再犯的风险，三是大多数未成年人的违法犯罪行为会自愈。换言之，未成年人犯罪大多具有暂时性和自我限制性。这三个假设是目前澳大利亚未成年人司法政策的支柱。与法院体系的接触会增加再犯风险的观念主张在犯罪行为与犯罪记录条件允许的情况下将未成年人从法庭中转移出来。恢复性司法在减少再犯方面比传统司法更有效，这一假设揭示了恢复性司法在澳大利亚的转处项目中占据如此重要地位的原因。

澳大利亚的恢复性司法模式是建立在重整羞耻理论上的社群主义模式，①布雷斯韦特（Braithwaite）的重整羞耻理论（theory of reintegrative shaming）认为，如果允许违法者为他们的过错赎罪，并重新获得社会认可，那么差辱仪式不是犯罪。对未成年犯的研究证实，未成年人的犯罪行为具有暂时性。对未成年人再犯的早期研究也表明，被提到法庭的未成年犯比那些转处的罪犯更有可能再次犯罪。会议的核心关注点是犯罪行为，其力求客观地分析事实、（事实的与情感的）后果，并寻求方法补救对受害者、未成年犯以及社区成员所造成的伤害。② 这个过程包括受害者与未成年犯的会面，他们的支持人员可以到场，通常还有一名警察参加。调解人（亦称会议调解员）主持会议，在会议上，双方提出事实，明确受害者所遭受的损害以及情感上的不良影响。这会使得未成年犯产生"愧疚感"并"重新整合"其与受害者、家庭以及社区的关系。会议的结果往往是由未成年犯向受害者道歉赔偿或签署补偿协议，从而未成年犯与受害者能够因和解恢复心理创伤。签署协议后，受害者应当更加了解未成年犯的背景与动机，未成年犯应当更清楚其行为给受害者造成的伤害。会议上可能引发的愤怒、内疚等情绪同时也得到疏解。未成年犯的自我概念的认知和情感成分会潜移默化地进入其意识中，这将有助于未成年犯关注受害者的情感、恐惧和其他后果上。

社区或问责会议不仅具有惩罚性，同时也具有康复或"重新整合"的属性。社区会议的理论基础也表明其对预防再犯具有积极意义。近期在澳大利亚司法管辖区执行的社区会议计划显示，大量的未成年犯被从正式的法庭程序中予以转移。法律支持法院适用会议的可能性，但这些案件可能无法完全从正式程序中转处出去。③ 在 1995 年 5 月至 1997 年 4 月期间，维多利亚州进行了一项试验性项目，处理比传统上移交给社区会议更严重的犯罪。这些

---

① John Braithwaite, *Crime, Shame and Reintegration*, Cambridge University Press, 1989.

② Gerard Palk, The *Evolution of Conferencing in New Zealand and Australia* (1997) (unpublished manuscript, on file with the Department of Justice).

③ Juvenile Justice Act §§ 18N & 180 (Queensl.).

罪行比那些通常以警告方式处理的罪行更严重。这项研究涉及 42 名未成年人，以及四十多次会议。在这个试验性计划的最后评估报告中，42 名未成年人中有 38 名已被法院处理，均获得非监禁的判决。所涉及的犯罪行为主要是与交通和毒品犯罪相关的财产犯罪（偷窃和入室盗窃）。

在菲律宾，通过恢复性司法方案进行正式转处也是通行做法，指"未成年人向受害者作出赔偿"。在许多东亚和太平洋国家，对受害者的补偿被纳入了转处协议，但几乎总是由未成年人的父母或监护人进行赔偿而非未成年人。由于菲律宾的许多父母或监护人失业，无法向受害人支付赔偿金，因此通常可以用分期付款的形式进行经济补偿。受害者在取得了一定数量的赔偿后，有时候会免除未成年犯父母或监护人剩余的金额。在一个案件中，未成年犯的母亲同意为受害者工作，即在一定天数内清洗受害者的衣服。同样，转处的调解人也会让未成年人在经济上或象征性地补偿受害者。未成年人司法和福利理事会（Juvenile Justice and Welfare Council）提供了下列良好的范例：（1）一名 15 岁的男孩从一家五金商店偷了铜线后，在案件会议/转处会议期间，受害者表达了他希望未成年人而不是父母支付赔偿金的愿望。因为男孩还在上学，没有钱，双方同意周六孩子在受害者的五金商店工作，直到他完全付清赔偿金为止。（2）一名 16 岁的男孩实施了抢劫行为。作为一个被遗弃的孩子，他无法支付 5 万比索的赔偿金。法官把他安置在一个康复中心，男孩参加了一项职业培训（焊接）。获释后，他找到了一份焊工的工作，并开始每月向受害者支付 5000 比索的赔偿金。一年之后，受害者向男孩表示祝贺，并免除了剩余金额。（3）在培训学校（为被定罪的未成年人设立的封闭式机构），一些未成年人可能会在该机构内进行有偿工作，特别是那些父母无法补偿受害者的未成年人。培训学校将未成年人的工资存入银行账户，如此，机构内的未成年人便能（部分地）向受害者支付赔偿金。

🌀 三、警察警告模式

警察警告模式是由警察对未成年人进行警告以代替正式司法程序的转处模式。澳大利亚警方将警告或训诫作为非正式的处理方案已经有一段历史。这种方式是指警察发出一项正式的警告，并且如有可能，父母或监护人应当到场。警察警告模式的主要特征有：一是刑事司法体系中的受害者与其他参与者并不会参与其中。二是适用警察警告的未成年人应当符合初次犯罪或犯罪情节轻微等条件。三是警察警告分为非正式警告（informal caution）与正式警告或训诫（formal caution/reprimand）两种。

在诸多东亚和太平洋国家的实践中，也经常对未成年人适用警察警告，也被称为无条件的转处（unconditional diversion）。2006 年巴布亚新几内亚的《警察未成年人司法政策和协议》（Police Juvenile Justice Policy and Protocols）规定了警察层面的两种类型的无条件转处：一是警告但不记录未成年人的姓名；二是警告且记录未成年人的姓名。如果未成年人被指控犯了轻微的罪行，即在没有"明显的"受害者（姓名未记录）和有受害人的案件（姓名被记录）的案件中，警官可以发出警告。警告是当场发出的，未成年人不会被带到警察局。警察告诫未成年人应当改变他/她的行为。

巴布亚新几内亚的警察警告（police warning）

目的	·该类警告针对的是有受害人的极轻微和轻微罪罪行
程序	·当场给予警告
	·如果合适，要求未成年人因其行为向受害人道歉
	·未成年人不会被带到警察局
	·未成年人被建议改变其行为
	·未成年人被警告如果其继续违法，下次可能会被起诉
记录	·未成年人的姓名及其住址
	·作出的警告被记录在事故记录簿上
	·在事故记录簿上，记录作出警告的时间、原因、未成年人的姓名及地址

在美拉尼西亚文化中，道歉的目的是原谅与和解。如果在威胁或恐吓下被强迫和给予道歉，道歉将毫无意义。未成年人必须承认其行为是错误的，道歉对于未成年人与受害者才有意义。

警察警告在巴布亚新几内亚全国范围内实施。在实践中，警察警告的使用方式与《警察未成年人司法政策和协议》的规定有所不同。当地派出所的警官负责决定是否对因轻微犯罪（如偷饼干等）被逮捕的未成年人发出警告。随后警察警告未成年人"根据法律规定，你的行为（犯罪）是错误的"。未成年人的父母或监护人以及其他家庭成员可以在场。警察警告过程中，受害者不在场。10 到 18 岁实施犯罪行为的绝大多数未成年人通过"警察警告"或"警察层面的调解"予以解决。

通过"警察警告"解决的未成年人犯罪案件不会被登记。首都区警察局的警察解释说，他们认为"警察层面的调解"是警察警告的一种形式。警察层面的调解在全国范围内得到实施。这意味着警察负责邀请当事人（即犯罪的未成年人及其父母或监护人、其他家庭成员和社区成员、受害者及其家庭和社区成员、社区领袖和未成年人司法官员）来警察局讨论案件事实以及解决方案。警察调解的结果往往是犯罪的未成年人向受害者道歉，其父母或监护人向受害者进行赔偿，并给受害者一些如食物等额外的东西。在调解会议结束时，双方共同确定共同聚餐的时间与地点，双方均带着食物一起烹饪和享用。在经济补偿的基础上分享食物表明，犯罪的未成年人的家庭或社区对所发生的事情表示歉意。

第二节　基于程序内容的实践类型考察

未成年人司法转处在实践之初，强调审前羁押和法庭审理对未成年人的危害性，因此审前转处（pretrial diversion）一度成为未成年人司法转处实践的主导类型。随着理论研究与实践探索的深化，未成年人司法转处实践逐渐延伸到司法程序的全部阶段，即全程转处。同时，未成年人司法发展程度不一的各国对审前转处与全程转处的重视程度不同，故实践也各不相同。

一、审前转处模式

审前转处是指将未成年人从法院（庭）转出并避免因刑事司法体系而产生的罪错标签的一种尝试。自 20 世纪 70 年代起，未成年人司法中的审前转处增势迅猛。有学者认为，最合适的转处时机还是在审前阶段，因为一旦审理程序启动，"真正转处"的机会便终结了。[1]

转处第一次被明确提出是在美国总统司法执行与管理委员会的报告中。

---

① G. Larry Mays, L. Thomas Winfree, Jr., *Juvenile Justice.* (3rd ed.), Wolters Kluwer Law & Business, 2012, p. 120.

标题为《自由社会中犯罪的挑战（The Challenge of Crime in a Free Society）》的报告认为，起诉犯罪的程序，尤其是未成年（身份）犯是污名化的过程，这种污名化会持续不断并且造成再次犯罪。未成年人犯罪特别小组（Task Force on Juvenile Delinquency）的报告再次强调了这种哲理，成为美国联邦政策以及1974年《少年司法和犯罪预防法》（Juvenile Justice and Delinquency Prevention Act of 1974）以及后续修正案的基础。

在域外国家和地区，警方是适用审前转处的重要主体。鉴于警方是司法程序中最早接触到未成年人的机构，因此它也是未成年人司法体系中最主要的转介机构（referral agents）。在未成年人案件中，警察的主要职责是发现犯罪、调查犯罪、处理犯罪、保护未成年人和预防犯罪。针对未成年人的违法犯罪行为，其暴力严重程度、年龄、态度、发生地点、家庭背景等均会影响警察作出的处遇决定。此外，法律规定、警察工作部门、警察是否接受过训练以及个人偏见等因素也会影响案件的处理，从而造成不同的案件处理结果。警察可以对嫌犯审问后释放，也可以将其移交给未成年人服务机构，还可以提交少年法庭或转交未成年人羁押中心。因此，警方的转处实践通常分为两类，一类是直接释放未成年人，不针对其施与任何干预措施；另一类并非直接释放未成年人，要求其参加一定的处遇方案或计划，矫正其行为从而预防犯罪。

Kratcoski、Ammar和Dahlgren对俄亥俄州东北部5个郡的24个警局开展的转处项目进行了研究。15个月中共有2258位未成年犯被移交到该计划，其中95%的未成年人由警察移交至此，其他的人则是由学校、父母和少年法庭移交。其中，大约15%的未成年人会在调查谈话阶段接受有关人员提供的建议和咨询服务后被释放，另外85%则继续留在这个计划中。接受改造的未成年人的平均年龄是15.4周岁；男女比例为7∶3；其中，49%与父母居住，29%与母亲一起生活，7%与父亲居住，另外的15%与其他亲戚一起生活。就犯罪行为而言，被移送到转处项目中的未成年人中75%触犯的是轻罪（毁坏财产、骚乱治安、伤害他人或者盗窃），20%则是犯了身份罪（逃学、离家出走和难以调教），1%触犯的是重罪。

警察对未成年人的转处项目包括非正式的缓刑、社区帮助、学校的相关规定，移交给服务机构和个性化咨询。在转处项目中，90%的未成年人的行为均能达到"满意"、"很满意"或"非常满意"的水平。其余的10%则被终止改造，因为他们在转处项目中再次犯罪（4%），或者他们的行为没有达到令人满意的水平，或者其他原因。转处项目结束后，研究者又对这些未成年人进行了为期六个月至一年的跟踪调查，约有13%的未成年人在完成这个项目后重新犯罪（一次或多次）。再次犯罪的未成年人要移交少年法庭处理，他们再次所犯的罪大多都是轻罪。从平均年龄、种族构成及实际效果等方面来看，这一计划取得了较为显著的成功。该计划的主要改造目标是那些真正存在问题的未成年人，而不是那些有犯罪危险的未成年人，这也正表明了警察将未成年人送至转处项目的初衷。[①]

警察对大多数未成年人案件进行转处的特征是没有具体的方案。这意味着警察处理未成年人犯罪问题时会更多地采用其他方法而非逮捕。这些措施不会留有记录，不会采取正式的行动，因此也不会对未成年人造成任何污名影响。

二、全程转处模式

美国1974年的《少年司法和犯罪预防法》提供了与转处有关的三股推力。第一是看守所移出计划（jail removal initiative）[②]。在该法通过的时候，美国每天大约有3000名未成年人被关押在成人看守所中。大部分未成年人被关押起来并非因为他们是穷凶极恶的人，而是因为在审判听证会之前没有地方关押。因此，看守所移出计划将未成年人从监禁机构中转出来以避免他们与成年犯接触。在许多州，看守所移出计划对未成年人司法程序产生了深刻影响，在成人看守所中的未成年人日羁押量从3000下降到1000至1500人次。[③]

---

① ［美］卡特考斯基等：《青少年犯罪行为分析与矫治（第5版）》，中国轻工业出版社2009年版，第228－229页。

② 《美国传统英语字典（第五版）》(American Heritage® Dictionary of the English Language, Fifth Edition. Copyright© 2016 by Houghton Mifflin Harcourt Publishing Company.) 将 jail 解释为"羁押的场所，尤其是指羁押被起诉但尚未保释的人或因轻罪被判处短期刑罚的人的场所（A place of detention, especially for persons who are accused of committing a crime and have not been released on bail or for persons who are serving short sentences after conviction of a misdemeanor）"。

③ Harrison, Paige M. & Jennifer C. Karberg, Prison and Jail Inmates at Midyear 2003. Washington, DC: Bureau of Justice Statics, U. S. Dept. of Justice.; Minton, Todd D. (2010). Jails Inmates at Midyear 2009—Statical Tables. Washington, DC: Bureau of Justice Statics, U. S. Department of Justice.

1974 年美国《少年司法和犯罪预防法》中与转处有关的第二项内容便是身份犯的非机构化（deinstitutionalization of status offenders），简称"非机构化"。20 世纪 70 年代中期，很多州未成年人矫正人群中至少有一半是身份犯。有的未成年人经常逃学，但大部分身份犯是女性和离家出走的人。大部分离家出走的人实际上是因家庭秩序混乱与功能紊乱而"被迫离家出走的人"（throwaways）。这些未成年人需要治疗和安置场所，而不是与犯罪的未成年人共同被关在保护机构中。因此，《少年司法和犯罪预防法》鼓励各州发展针对身份犯的监禁替代措施，非机构化包括将未成年人从监禁机构中转出。非机构化运动完成了数项目标，但并非其设想的全部目标。非机构化运动使得各州矫正机构中的未成年人，尤其是女性未成年人数量显著减少。然而，私人矫正机构中的未成年人数量却相应增加。因此，非机构化似乎只是将身份犯移送到随处可见的私人机构中，同时为罪错未成年人在公共机构中留出更多的位置。按以往做法，这项政策增加了惩罚的能力，正如通常被提及的"扩张控制范围（widen the net）"。非机构化运动某种程度上也是有缺陷的，因为即使法官不能因身份犯监禁未成年人，仍有其他办法达到此举。在大多数州中，当一名法官裁定一名身份犯，处置的条件之一就是其没有因实施其他罪行而违反观护的条件，包括身份犯行为。如果未成年人有这种行为，法官会将其视为对法庭的轻蔑并处以监禁。因此，接受矫正的未成年人会包括这些重新贴上身份犯标签的人。

《少年司法和犯罪预防法》的转处项目（diversion initiatives）的最后一部分是非监禁化（decarceration）。非监禁化某种程度上与身份犯的非机构化具有诸多共同点，因为其目标是将未成年人从保护性机构的监禁（secure institutional confinement）中转移出来。然而，非监禁化的基础更广泛，其目标是在更广泛的未成年犯群体中实现监禁最小化。简言之，非监禁化指导法官以及其他未成年人司法工作人员将未成年人安置在最不具监禁刑的场所中。这意味着对于大多数未成年人讲，优先选择是自己的家庭，机构监禁将是最后的手段（last resort）。因此，非监禁化将未成年人从保护性的监禁体系中转出来。不论非监禁化的最初动机是什么，其已经成为未成年犯处遇方式的因素之一。

因此，美国联邦的转处项目深受上述三项运动的影响，将不正式的计划变成正式的，将部分未成年人从未成年人司法体系的不同阶段中转出，转处实践覆盖从逮捕前到判决后的全部阶段。从广义的层面讲，转处实践包含所有将未成年人从司法程序中转出的形式；从严格意义上讲，真正的转处应当与其他干预形式加以区分，后者包括治疗、甄别以及预防性计划。有学者认为社区融入计划（community absorption programs）属于预防型转处，因为其并未与司法体系有正式接触，然而警察甄别与审前程序则属于真正意义上的转处。预防型转处包括旨在提高个人、家庭或者社区处理此类问题的能力的治疗计划。真正意义上的转处并不包含正式的治疗，而是指在初次接触后将未成年犯转出。当某些机构，尤其是学校出现违反规范的行为时，则适用预防型转处。在该类案件中，个人被视为潜在的越轨者，或者前越轨者（pre-delinquent）。在这一阶段，转处也许是最有利的选择，因为减弱了致使个人开始长期犯罪生涯的条件。①

在转处过程中，有三种明显的干预活动：治疗、和解或替代性刑罚（alternate punishment）。治疗活动试图预防问题行为，用于未成年犯实施犯罪行为之前或之后。和解活动是指为赔偿或避免起诉与受害者或警察进行协商。替代性刑罚尝试避免监禁未成年犯。有的转处项目同时包含上述方案中的多个方法。例如，就业计划可能要求完成工作任务（非监禁刑），因为其要求学习劳动技能（治疗），从而可以赔偿受害者的经济损失（和解）。正式的转处某种程度上试图纠正制度的不平等，为穷人和处境不佳的人提供与富人和享有特权的人相同的选择。

作为一系列正式和系统的决策过程与计划，从刑事司法体系中转处未成年犯仅在过去十年中才开始尝试。第一个转处模式始于曼哈顿法院就业计划（Manhattan Court Employment Project）和十字路口计划（Project Crossroads）这样的试验性项目，它们培训未成年犯，帮助其求职。如果在6至12个月后证实就业计划是成功的，起诉将被撤回。有些计划取决于政府资助，而另一些则完全由志愿者管理。有些项目只是通过赔偿来解决问题，而另一些项目则是由治疗专家组成，他们设法解决导致问题行为产生的根源。大多数计划在违法行为显现之初进行干预；另一些则试图挽回那些已经进入司法体系的人。

有研究报告就加利福尼亚州11项转处项目（diversion projects）的评估作出说明，并回答了以下三个问题：有多少当事人在这些计划中真正得以转

① Gary T. Reker, James. Cote & Edward J. Peacock, *Juvenile Diversion: Conceptual Issues and Program Effectiveness*, Canadian Journal of Criminology, 36 – 50（1980）.

处？转处项目节约了多少资金？转处项目减少再犯了吗？

研究从效果上对转处项目进行评估，最终提出了理想的转处项目模型（Model Diversion Program）应当具备的特征：一是将服务集中投入到不引入缓刑就会进入正式程序的当事人，相对于刑事司法体系，这些案件节约了大量的实质性的成本，并且他们最有可能减少再犯。二是计划开始实施后，将资金投入到能从缓刑花费中节约成本的服务。三是转处项目应当提供那些能够减少再犯的服务——长期个人咨询或专业的家庭危机咨询，这些服务依赖于当事人的性格、家人和其他工作人员。这些服务应当增加娱乐、辅导和其他需要的与学校有关的支持。

第三节　总结与反思

一、总结

与未成年人司法中的诸多问题一样，关于转处有效性的研究是复杂的。大量的研究发现，转处在减少司法体系负荷过重与阻止再犯方面是成功的。主要结论有以下两点。首先，最小的干预类型（例如告诫）的转处适合呈现出低水平风险和需求的未成年人。然而，中等和更高层次的罪犯将受益于更积极的干预措施。其次，转处项目的运行中，最成功的转处项目是那些提供密集和综合服务的计划。他们为未成年人提供了多元的支持，帮助他们回归社会和家庭。

华盛顿的一个转处项目实施了快速分流系统（fast track system），将首次与第二次被指控轻罪或较严重的轻罪的未成年人转移到社会责任委员会（Community Accountability Board）。参加该项目的未成年人年龄必须在 8 岁到 17 岁，并且承认前述指控。社会责任委员会与未成年人及其父母或监护人会面，讨论转处的过程、犯罪的原因以及造成的影响。随后，社会责任委员会制定一项转处协议，其中可能包括社区服务、赔偿受害者或咨询。未成年人案件管理人监督未成年人履行协议。华盛顿州立公共政策研究所（Washington State Institute for Public Policy）对该计划进行了转处前后再犯率的研究与评估，比较了未成年人在计划前六个月与后六个月的再犯率，发现在"前六个月"组中有 24.7% 的人会因重罪或轻罪再犯，而参加转处项目后六个月中再犯的未成年人占 19.1%。此外，该计划为每位参与者节约了 2775 美元的未来可能参加的司法体系的成本，每个未成年人只需花费 140 美元。①

此外，为了阐明转处项目是否比传统的司法系统更能迅速地减少再犯，并探索更大幅度地减少再犯相关的转处项目，有美国学者开展了一项元分析（meta – analytic review），就 45 项共 73 个转处项目进行了评估研究。结果表明，与传统的司法干预相比，转处能够更有效地减少再犯。分析显示，研究和计划层面的变量都影响了计划的有效性。特别值得注意的是计划层面变量之间的关系，需要进一步研究和探索风险水平对未成年人转处有效性的作用。② 尽管这项研究对未成年人转处项目的影响提出了一些未解的问题，但一些政策建议可以提供一些信心。元分析为转处项目的有效性提供了强有力的支持，不管这些项目是否涉及警告或直接干预未成年人。在几乎所有的情况下，这些项目都比传统的通过未成年人司法系统进行处遇的再犯率更低。这一结论与越来越多的研究表明，在许多情况下，参与司法体系容易对未成年人产生消极的结果。将转处作为传统程序的替代方法的另一个潜在好处是，越来越多的证据表明，前者的战略比后者更具成本效益。

然而，也有其他研究表明转处项目并不成功，在某些情况下，转处项目被发现有其局限性，即控制网络的扩大，③ 因为其覆盖了很多未成年人，他们本可以避免与未成年人司法体系的长期接触。此外，转处项目还涉及在适当程序和平等保护问题上的合宪性问题。有学者认为，转处只是一种没有裁决利益的处分。未成年人仅仅是同意缓刑，而没有得到听证的机会。事实上，有研究表明，转处对于少数群体的影响是不成比例的。换言之，白人未成年人可以适用转处，而少数群体的未成年人则受到正式处遇。有研究发

①　Kurlychek, Megan, Patricia Torbet, and Melanie Bozynski. 1999. Focus on Accountability: Best Practices for Juvenile Court and Probation. JAIBG Bulletin August 1999. Washington, DC: Office of Juvenile Justice and Delinquency Prevention.

②　Holly A. Wilson & Robert D. Hoge, *The Effect of Youth Diversion Programs on Recidivism: A Meta – Analytic Review*, Criminal Justice and Behavior, 497 – 518 (2013).

③　Robert W. Taylor, Eric J. Fritsch & Tory J. Caeti. *Juvenile justice: policies, programs, and practices*, Glencoe/McGraw – Hill, 2002, p. 551.

现，没有决定哪一类人将被转处的正式标准，转处决定是随意的。①

从社区会议的非正式措施的角度看，很难在全国范围内评估其有效性，因为诸多计划仅适用于之前受到警告的轻微犯罪。同时，会议调解人的培训不受统一标准或议定书的约束。此外，在不同司法管辖区内会议采用的模式各不相同。有些计划的重点是特定的未成年人（例如，土著未成年人），而其他计划中警察并不出席会议。布雷斯韦特（Braithwaite）认为，未成年犯的转处会议过程将消除出庭会产生的污名化。② 然而，他也强调只有在社区会议有效的情况下，污名化才会减少。这些会议只有在未成年犯与受害者、社会"重新整合"的情况下才有效。

在很多国家都难以获得关于再犯率可靠的官方数据。因此，建立评估社区会议有效性的基本标准并非一件易事。目前澳大利亚对再犯最可靠的研究是于1996年由新南威尔士州的未成年人司法部门进行的。该报告显示，未成年人第一次被证实有罪的年龄越小，进一步犯罪的倾向就越大。③ 此外，与没有再犯的罪犯相较，第一次犯罪后没有受到监督的未成年人的再犯比例更高，而受到控制和承担社区服务义务的未成年犯的比例则没有那么高。④

作为转处方案的社区会议是否充分发挥减少再犯的重要作用，还需要继续探索和发展。然而，已有数据表明，有的未成年犯并未受到积极影响。他们通常表现出累犯的特征，他们似乎来自关系不够密切的家庭，而会议几乎没有对他们的行为或其行为对受害者造成的影响提供任何解决方法。

🦋 二、反思

近年来，在美国等国家，公众因不满少年法院对未成年罪犯的司法宽大处理而予以抨击。通常，未成年人案件通过转处都被撤回，这不仅发生在少

---

① Shelden & Randall G. , *Detention Diversion Advocacy*: *An Evaluation Juvenile Justice Bulletin* September 1999. Washington, DC: OJJDP.

② John Braithwaite, Juvenile Offender, *New Theory and Practices*, Australian Institute of Criminology, 1993.

③ 在昆士兰州、维多利亚州、塔斯马尼亚州和北领地，刑法将17岁以上的人视为成年人。

④ Attorney – General's Department, Review of Commonwealth Criminal Law: Interim Report – Principles of Criminal Responsibility and Other Matters.

年法庭的正式审判程序中，也发生在早期对罪犯进行受案筛选的阶段。因此，在未成年人案件处理过程中将未成年人司法程序的任何具体部分认定为异常宽容是不合理的。整个体系的各个阶段似乎都受到了康复哲学的影响。对许多人来说，康复就等同于宽大处理。少年法院除了被指控对罪犯过于宽容、撤回或转处案件外，也遭到其他方面的批评。批评人士指出，少年法院有以下几点缺陷：一是未能区分不那么严重和更严重的罪犯；二是经常忽视未成年人犯罪的受害者；三是经常不能以符合其明显目的的方式矫正未成年人；四是对未成年犯以及如何进行处遇漠不关心或过分自信；五是有时将未成年人关押到成人监狱中；六是服务过于分散；七是对自我检查和改进建议过于抵触。适用转处的未成年人通过恢复或社区服务来承担其行动的责任，可以更有效地实现转处目标。① 当未成年人必须做一些建设性的事情，弥补受害者的财产损失时，他们能够学到关于他们的行为以及如何影响他人的宝贵经验。

　　对转处的反思与批判其一是自我延续的本质。一旦项目启动，其总是以工作人员的最大利益为中心，不断开发案源，甚至进行扩张。② 这种自我延续的驱动力会导致有的工作人员忘记最初的目标，如污名最小化。其二是将更多的未成年人置于社会控制之下，或者拓宽了控制网。控制网扩张（net widening）发生在任何时刻，意味着本不会进入体系控制的未成年人被带入未成年人司法体系。这个结果显然不在预期之内，同时也是许多未成年人司法改革者所担忧的。事实上，项目越多就意味着问题越多。有学者认为实践中的转处与理论中的转处截然不同，因此，很多转处并未"达到将未成年人从司法体系中转出的目标"，反而导致了污名化的增加。近四年来，有的研究认为，在一些转处项目中网络扩张并未发生，③ 然而，研究结果并非总是明确的。在一些评估中往往会出现两个问题，即概念界定不清和评估方法的

---

　　① JR Fuller & William M. Norton, *Juvenile Diversion*: *The Impact of Program Philosophy on Net Widening*, Journal of Crime and Justice, 29 – 45 （1993）.

　　② Binder, Arnold & Gilbert Geis, *Ad populum argumentation in criminology*: *Juvenile diversion and rhetoric*, Crime and Delinquency, 640 （1984）.

　　③ Sullivan & Jacqueline, *Widening the net in juvenile justice and the dangers of prevention and early intervention*, Center on Juvenile and Criminal Justice, http://www. cjcj. org/pubs/net/ netwid. html.

匮乏。[1] 其三是第二体系的发展。"第二体系（second system）"[2] 是指一个与正式的未成年人司法体系和保护相结合但不包括在内的代理网络（agency network）。很多第二体系的机构体现出未成年人司法体系最初的特征，如隐私性、秘密性与非正式性。第二体系提供最小污名化的方法来处理大量的轻微的未成年犯，第二种方法其最终结果是更大的自由裁量权和较少的法律和行政监督。尽管运用第二体系处理未成年人存在诸多优势，但最大的风险似乎是缺乏正当程序的保障，而未成年人司法体系有正当程序的保障。其四是强制性的增加。绝大多数转处项目的潜在含义是自愿参加和低强制性。为了换取宽大处理，未成年人可能不得不屈服于比通常预期的更大程度的约束。例如，为了参加转处项目，未成年人必须先承认对自己的指控，即使并没有足够的证据用以证明需要法庭审理的犯罪行为。当父母和未成年人观护官知道有更容易的办法使未成年人脱离指控的时候，他们往往成为胁迫的一部分。其五是缺乏对项目的评估。波克（Polk）恰如其分地对评估现状进行了总结，"有关未成年人转处的矛盾记录不易解读"。[3] 甚至两位转处的著名拥趸也认为"转处结果的实证证据不尽如人意"。[4] 我们可以从这句话推断出以下两种可能性：一是研究和评价转处的研究方法存在不足，缺乏明确或矛盾的结果。二是研究是彻底和适当的，一些项目对所涉未成年人有所帮助。同样，一些努力没有效果，有些已经被证明是有害的。

总体而言，转处实践往往会带来一些法律层面的反思，即剥夺权利的危险、违反会议条件的未知后果和未经定罪的惩罚。

一是剥夺权利。刑事司法系统通过向法院陈述案件对警察滥用职权或渎职的行为形成制衡。因此，社区会议可能会削弱对警察渎职行为的震慑，因为该体系不包含法院的监督。然而，纪律措施的存在是为了处理警察的官方

---

① Frazier, Charles E., Pamela Richards & Roberto Hugh Potter, *Juvenile Diversion and Net Widening: Toward A Clarification of Assessment Strategies*, Human Organization, 115 – 122 (1983).

② 随着转处机构和计划的发展，它们成为由私人和准私人实体组成的独立的未成年人司法体系。

③ Polk & Kenneth, *Juvenile diversion: A look at the record*, Crime and Delinquency, 657 (1984).

④ Binder, Arnold & Gilbert Geis, *Ad populum argumentation in criminology: Juvenile diversion and rhetoric* [J]. Crime and Delinquency, 1984 (4): 626.

不端行为。沃纳（Warner）教授认为，目前的趋势是，私下达成和解可能会破坏目前调查阶段的权利体系。[①] 如果某一名罪犯在不符合自愿的法律标准的条件下承认某些罪行，就会出现权利剥夺的情况。与此相关的是，被指控的未成年犯可能因为受到胁迫而认罪。这甚至可能是转处的间接后果，因为认罪是参加转处会议的先决条件。客观地认定一个人被间接诱导认罪非常困难。然而，就另一方面而言，替代方案的选择并非是放弃刑事司法体系中的权利，而是未成年犯的一种声明，即不希望正式的法律体系处理他们的权利，而更愿意寻求一个各方均可接受的解决方案。事实上，这个过程可以被视为从正式司法体系中有条件的释放，至少未成年犯暂时自愿。因此，转处过程（模式）并非权利的剥夺而是授予。

二是违反会议制定的条件。另一个普遍存在的问题是，若未成年犯未能完成转处会议上达成的条件，其在会议上所承认的罪行可能会在之后的程序中被用作证据。对这种担忧的回应是，在转处会议的最早阶段为未成年犯提供法律代表。因为会议处理的犯罪行为并非需要被判处监禁刑的行为，因此，即使有一些违反条件的情况，该行为也很少会被起诉。如果其违反条件并被起诉，在之前问责会议上的供词或其他言词证据不得作为证据。

三是惩罚。法律的一般立场是，除非经过定罪，否则不应受到惩罚。有观点认为，转处项目的结果是惩罚，因为罪犯被要求做他们不想做的事情。罪犯无权参与社区会议上的决定，只能被动接受，如果该决定不适合未成年罪犯或他无法自愿接受，会直接影响转处项目的有效性，甚至可能带来适得其反的结果。

---

① Kate Warner, *Family Group Conferences and the Rights of the Offender*, in Family Conferencing and Juvenile Justice.

第四章　未成年人司法转处的制度之维

　　未成年人司法转处的理念、实践和制度呈递进推动的发展趋势，当制度形成，三者相互影响、促进以及深化，均得到丰富与发展。"制度形成的逻辑并不如同后来学者所构建的那样是共时性的，而更多是历时性的。制度的发生、形成和确立都是在时间的流逝中完成的，是在无数人的历史活动中形成的，是人类行动的产物，是演化的产物。"① 同样，未成年人司法转处制度的形成并非一蹴而就，不同国家处于实践向制度演进历程的不同阶段。本章对不同国家的未成年人司法转处制度进行梳理，并对相关国际司法准则规定的转处制度予以整合阐释，在此基础上总结归纳出未成年人司法转处制度的基本框架与内容。

第一节　基于主要特征的制度类型考察

　　域外不同国家的未成年人司法转处制度因多元且复杂的因素影响，呈现出不同的发展程度与特点。在未成年人司法制度建构较为完善的美国，未成年人司法转处制度的发展也相对成熟。例如，华盛顿州拥有一部建构和规范转处程序的综合性法律。② 该法律将转处的决定权予以集中，并将其赋予了检察官和法院立案工作人员，而非警察。检察官行使案件筛选的主要权力，权力委托少年缓刑官行使。该法律以罪行标准来界定转处的合法性，规范转处的协议，限制转处措施的时间长短与性质，以及保证转处协议签订与解除

---

① 苏力：《制度是如何形成的》，中山大学出版社 2007 年版，第 52 页。
② Wash. Rev. Code §§13. 40. 070；13. 40. 080（1998）.

的程序规范性。① 检察官必须对轻罪初犯予以转处，且可以对非重罪未成年人、没有前科的未成年人（包括犯有重罪者）以及其他无须正式起诉指控的未成年人予以转处。② 该法律对转处协议可以加诸的处理措施类型予以具体化。③ 同时，该法律还限制了转处措施的时间长短，即轻罪为六个月以下，重罪为一年以下。转处过程也规定了基本的程序权利。未成年人在立案中可以获得律师帮助，并可以在转处会议上获得关于转处协议条件的解释。④ 该法律对转处部门撤销转处协议后未成年人可享有的程序权利予以具体规定。⑤ 在根本上，华盛顿州的转处法律创制了一种非司法性的认罪答辩，并规定了非监禁的处理措施。

　　由于非正式的认罪答辩可以适用于缓刑相对等的处理措施，该法律所规定的程序安全保障类似于撤销缓刑所适用的程序安全保障。如果该未成年人之后再犯，则该法律还将被转处的罪行纳入该少年的越轨前科予以考虑。由于华盛顿州的法律对转处进行规范化，其上诉法院据此对转处制度的几个方面予以审查，未成年人有权被考虑适用转处，以替代起诉指控，但并不享有被纳入某转处项目的绝对权利。⑥ 只要转处部门提供一项完整而公正的关于其合法性的决定，便可以适当地否决某未成年人的诉请。在实践中，关于转处合法性的决定需要放在个案中进行考量，并且检察官有权直接决定对特定类别罪行不适用正式处理。⑦ 各州对转处协议的程序管理不断加强。其中通常要求未成年人承认其参与越轨行为，并自愿达成可能包含六个月或更长时间监视的转处协议。⑧ 未成年人所达成的转处协议，以"简单、通俗和易懂的语言"书写，其中，未成年人需要同意非司法性的缓刑监管，统一参加法院准许的教育、咨询或矫治项目，或在少年法院中，或在少年毒

---

① Wash. Rev. Code §§13.40.070（1998）.

② Wash. Rev. Code §§13.40.080（1998）.

③ 如150小时以下的社会服务、恢复原状、劝导以及其他类似的处理措施。

④ Wash. Rev. Code §§13.40.080（8）（1998）.

⑤ 这些规定包括：只有在违反该协议条件的情况下方能终止该协议；在终止协议的听证会之前获得告知；与证人对质的权利；以及获取律师帮助的权利。

⑥ State v. Chatham, 28 Wash. App. 580, 624 P. 2d 1180（1981）.

⑦ State v. WS, 40 Wash. App. 835, 700 P. 2d 1192（1985）.

⑧ Ark. C. A. §9-27-323（2008）.

品法院中。①

有的国家已经建立了独立的未成年人司法，但目前尚未建立未成年人司法转处制度。如在柬埔寨，转处是一个比较新的概念，目前还没有关于转处的正式法律，但当《少年司法法》（Juvenile Justice Law）的草案获得通过时，情况将会发生变化，因为这一法律将包括关于转处的整章，并强调恢复性司法方案的适用。有的国家尽管没有关于转处的法律，但实践中创立了数项针对未成年犯的转处项目。如新加坡的国家青少年指导与康复委员会与其他包括总检察长办公室、新加坡警察部队、当地学校和有关的社会服务机构在内的机构合作管理的指导计划（Guidance Programme）。② 警察决定初次犯罪的未成年人是否适合指导计划，然后将案件提交给总检察长办公室。随后，未成年犯将受到总检察院的正式有条件的警告。③ 只要未成年犯顺利完成该计划，则不会对其提起诉讼。④

因此，根据该国家未成年人司法转处制度程序阶段分明、实体内容周延的特征，对域外国家的未成年人司法转处制度进行内容梳理、特点归纳与经验总结，有助于促进正处于实践阶段的国家建立符合法律传统与现实需要的未成年人司法转处制度。

一、以程序阶段分明为特征的模式

该模式下的未成年人司法转处制度发展较为成熟，以程序阶段为构建制度的框架与基础，各适用主体之间权责分明，适用标准和程序清晰明确，主要代表国家是加拿大与德国。

加拿大的未成年人司法转处制度经历了一个典型的从无到有、从实践到

---

① Ark. C. A. § 9 - 27 - 323 (e) (1 - 4) (2008).

② K. Amirthalingam, Criminal Justice and Diversionary Programmes in Singapore [C]. Criminal Law Forum, 2013 (24)：552.

③ K. Amirthalingam, Criminal Justice and Diversionary Programmes in Singapore [C]. Criminal Law Forum, 2013 (24)：553. 可适用"指导计划"的犯罪类型包括实施盗窃/盗窃，非法侵入、非法集会、技术性破坏抢劫或勒索行为，并未造成伤害或使用暴力，以及根据警方推荐的轻微犯罪行为。

④ K. Amirthalingam, Criminal Justice and Diversionary Programmes in Singapore [C]. Criminal Law Forum, 2013 (24)：552.

制度的过程。在加拿大早先的《少年犯罪法》(Juvenile Delinquents Act)①
中，广泛采用了正式起诉的替代措施。最常用的是非正式的转处，虽然该法没
有关于转处的条文，但经常运用于实践中，警察逮捕犯有轻微罪行的未成年
人，与其或其父母进行谈话，警告若再犯则将案件移送少年法院，然后予以释
放。在该法中，学校、家长以及其他成年人更具有非正式处遇未成年人犯罪行
为的意识。20 世纪 70 年代，加拿大的社会机构建立了第一个正式的转处项目，
警察或检察官开始将未成年人送到这些以社区为基础的计划中，而不是少年
法庭。

　　20 世纪 70 年代初，第一批正式的未成年人转处项目的基本原理之一是标
签理论。然而，标签理论的真实性亟待证实，被逮捕的未成年人被识别和描述
为一名"罪犯"是否实际上增加了再犯的可能性，实证研究的结果也是模棱两
可的。"恢复性司法"越来越多地被用来描述被害人、行为人及其家庭成员和
社区成年人对犯罪的反应机制，他们共同讨论犯罪的过程及其对被害人和社区
的影响，并制订计划赔偿受害者以防止再犯。

　　恢复性司法与传统刑事司法模式的报应原则不同，其重点在于恢复犯罪者
与受害者之间的关系，以及罪犯与社区之间的关系。虽然法院可以利用恢复性
司法原则来处理罪犯，但一系列的转处项目特别适合运用恢复性司法原则。②
同时，澳大利亚和新西兰的研究表明，某些类型的转处项目实际上可以减少
再犯，尤其是涉及受害者和罪犯并带有"恢复性司法"要素的计划，未成年
人的再犯率要低于经由法庭处理的对比组。③

---

　　①　加拿大第一部综合性未成年人司法法律《少年犯罪法》于 1908 年生效，20 世纪
60 年代早期，该法的适用范围、对儿童权利保护不足及其他各种问题都逐渐暴露出来。
1961 年司法部组建一个专门委员会审查该法，该委员会在 1965 年的报告中指出该法应当
进行重大修改。1970 年，少年司法草案被提交给国会审议，最终尚未进行正式投票便因
反对派的强烈反对而被终止。

　　②　A. Morris & G. Maxwell, Restorative Conferencing in G. Bazemore & M. Schiff, eds. ,
Restorative Community Justice: *Repairing Harm and Transforming Communities*, Anderson Pub-
lishing, 2001, p. 173 – 197.

　　③　A. Morris & G. Maxwell, Restorative Conferencing in G. Bazemore & M. Schiff, eds. ,
Restorative Community Justice: Repairing Harm and Transforming Communities, Anderson Pub-
lishing, 2001: 173 – 197. K. Daly, *Conferencing in Australia and New Zealand: Variations,
Research Findings and Prospects* in A. Morris & G. Maxwell, eds. , Restorative Justice for Juven-
iles: Conferencing, Mediation and Circles, Hart Publishing, 2001, p. 59 – 83.

　　加拿大之后颁布的《青少年刑事司法法》（Youth Criminal Justice Act）①的一些条款旨在鼓励适用一系列转处性的措施或"法外处遇措施"（extrajudicial measures）。联邦政府除了执行该法鼓励的转处的规定外，还提供了一些额外的资金支持以社区为基础的未成年人犯罪处遇方案。即便如此，仍有一些合理的担忧，即其潜在的误用需要加以解决，例如转处可能危及未成年人或受害者的权利，或可能无法充分考虑到社会的利益，也有可能带有歧视性，如来自某些处境不利或社会边缘化背景的未成年人就不太可能在法院系统之外处理。

　　《青少年刑事司法法》采用了新术语，即"法外措施"和"法外处分（extrajudicial sanctions.）"。"法外措施"的更广泛的含义规定在该法的第二节中，意指"除了司法程序之外的其他措施……用来处理被指控犯罪的未成年人。""法外措施是所有类型的转处，包括警察自由裁量权的行使，以及更正式的转处项目。"该法第四节和第五节列出了使用法外措施的一般原则和目标，鼓励警察、检察官、青年工作者和社区团体使用这些措施。该法的第二节也提到"法外处分"是一种更正式的裁判前的转处方案，该法的第十、十一和十二节对其有所规定。《青少年刑事司法法》的第四节提出了有关制定法外措施的政策和方案的原则，在作出有关未成年人的决定时，应当考虑的原则包括：一是法外措施通常是解决未成年人犯罪最适当和最有效的办法；二是法外措施可以运用有效和及时的干预措施对违法行为进行矫正；三是如果未成年人实施的行为是非暴力的且未曾被定过罪，法外措施足以让一名未成年人对其犯罪行为负责；四是如果足以让一名未成年人对其犯罪行为负责，法外措施应予运用，如果法外措施的运用与本节的原则相符，其运用则不应受到任何妨碍，曾适用过法外措施的未成年人或曾被定过罪的未成年人均可以适用。针对之前与警察有过接触的未成年人，适用法外措施具有重要价值。《青少年刑事司法法》第四节（d）款认为未成年人实施的犯罪行为较轻，考虑到受害者和未成年人的态度、罪行的严重性和情况，以及再犯的可能性，给未成年人一个避免与法庭接触的机会是适当的。未成年人法

----

　　① 1998年，加拿大司法部发布的一个战略性文件概述了联邦政府对少年司法的重视。10个月后的1999年，联邦政府首次提出了《青少年刑事司法法》的基本内容。但立法过程本身却用了将近3年时间。联邦政府随后决定将该法的实施推迟至2003年4月，以使每个人都有足够的时间来学习这部法律，并领会该法所希望达到的变化。

庭是否会比某种形式的法外措施更有效，甚至更具惩罚性目前尚不清楚。事实上，出庭往往比参加法外处分计划更缺乏吸引力，同法院接触的长期后果可能更严重，尤其是未成年人可能留下重大的违规记录。第五节列出了制定关于适用法外措施的方案和政策应考虑的标准。这一节明确指出，恢复性司法概念是法外措施的一个重要方面。虽然在法院系统之外对未成年人犯罪行为的反应是非正式的，但应鼓励未成年人对他们的行为负责，与家庭和社区接触，并修复对受害者造成的伤害。加拿大的未成年人司法转处制度主要包含以下内容：

（一）警方的警告（warning）与训诫（caution）制度

在加拿大，警方对调查未成年人涉嫌的范围行为负有首要责任，并决定是否对被认为犯有刑事罪行的人提起正式的诉讼。在大多数省份，警察有权直接向法庭起诉。在一些省份，如不列颠哥伦比亚省，在警察起诉之前皇家检察官会对案件进行筛选。警察行使自由裁量权是一种重要的法外措施，规定在《青少年刑事司法法》的第四节与第五节中。这些规定强调了在法院系统外对未成年犯作出反应的重要性，特别是如果他们没有犯罪前科，且实施的是非暴力行为。通常，非法庭警察的反应是处理违法未成年人的最有效、最人性化和最具效益的方式。在适当的情况下，一名警察的非正式、相对迅速的反应——特别是一名在处理未成年犯方面具有敏感性和丰富经验的警察——在威慑和问责方面比少年法庭能够产生更大的影响。

一般而言，警察在对未成年人作出转处决定时，应当考虑犯罪行为的严重性、前科记录、未成年人的态度、受害者的观点以及特殊的政策。在采取步骤对未成年人启动正式法庭程序之前，警察"应……考虑警告未成年人，进行训诫……或将其转介到以社区为基础的计划中……是否足够"。① 在作出不起诉的决定时，对犯罪的未成年人进行处遇的警察应当考虑到第四节的规定，推定实施非暴力犯罪行为的初犯不应当被起诉。在考虑如何应对涉嫌犯罪的未成年人时，警察可能有许多不同的选择，这取决于当地的资源和政策。

警察的"警告"与"训诫"在法律上没有区别，但后者被视为一种更正式的处遇方式，例如由高级警务人员在警察局进行管理。即便如此，它仍

---

① 参见 2002 年颁布的《青少年刑事司法法》的序言。

由警方管理，无须提出指控，也不施加任何处分。警察的警告是由处理案件的警察以非正式的方式作出的，该警察可能会联系父母，告诉其子女实施的犯罪行为。警察警告与训诫条款将受到当地警方和省级政府的政策、警察个人的培训、知识和敏感性的影响。如果警方的内部管理制度侧重于"起诉率"，则不可能重视案件筛选或转处。如果一个警察部队有专门的和训练有素的警察，其核心任务包括转处、以非正式的方式处理案件以及了解社区资源，很可能会广泛适用这些非正式的处遇方案。

警察可能会与家长讨论犯罪行为是否与其他问题有关，这些问题可能获得社会机构或医生的协助，或者未成年人的学校或教堂的帮助，由父母决定寻求何种帮助。警察可能会安排对受害者进行简单的道歉，或者归还赃物。如果未成年犯和受害者之间存在很多互动，则可能被转介到法外处分计划中。警方通常有政策要求对警告或训诫予以记录，如果未成年人再犯，可以对其采取更具干预性的措施。但在实践中，警方警告的记录情况与要求相去甚远，特别是在一名未成年人参与的不同案件由不同警方处理的情况下，导致未成年人获得本不应该获得的转处机会，但这一点与法律的初衷并不矛盾。警方作出的训诫可能包括向未成年人及其家长发出"警告函"，警告再犯的后果。警告过程还可能涉及自转介，以获得社会机构或社区资源的进一步帮助。在加拿大，如果未成年人的行为或情况看起来更严重，或有受害者希望或将从某种形式的赔偿或与罪犯会面中获益，那么警察就可以将未成年人转介到正式的法外处分计划中。在大多数省份，警察可以直接将未成年人转介到这类计划中而不提起诉讼。在一些省份，在未成年人被起诉后，只有皇家检察官才可以将其转介至法外处分计划，但检察官通常会考虑处理此案的警察给出的意见以决定是否进行转介。

（二）检察官的训诫与案件筛选制度

加拿大允许省级政府实施计划，在起诉前由检察官对未成年人案件进行筛选，并对未成年人作出训诫，而非启动或继续进行司法程序。检察官有权中止案件，但这种类型的计划会鼓励他们在适当的情况下行使这种自由裁量权，并警告未成年人不得再犯。未成年人可能会被转介到法外处分计划中，检察官也可能决定亲自对未成年人作出训诫或发出训诫函。检察官可能与其家长见面，或者将其转介到社区机构。赋予检察官正式的筛选案件的权力，可以确保警察遵守有关转处的省级政策。此外，在可能看起来更有争议的案件中，检察官可能比警察更愿意承担起决定不起诉至法院的责任。

警察或检察官决定是否对未成年人进行训诫，或将未成年人转介到法外处分的计划中而不需要任何裁定或未成年人认罪。由于没有正式的裁定或法律层面的认罪，警察或检察官所依据的事实不得在任何司法程序中作为证明未成年人有罪的证据。通常情况下，如果案件由警告或训诫进行处理，或转介到法外处分，将很少再移交法庭。参加了更正式的法外处分计划的未成年人的犯罪事实，在随后的法律程序中会以不同的方式得到运用。作为参加法外处分的条件，未成年人应当对其罪行负责。如果少年法庭在后续的程序中发现另一项罪行，在量刑阶段，法庭会被告知之前参加法外处分的情况。如果再犯，应当将之前参加法外处分的情况作为加重情节考虑。之前法外措施的适用可能与如何处理后续的违法行为有关。如果未成年人后来因为另一罪行而在法庭上被判有罪，那么在量刑阶段，法院可能会获得未成年人在前两年内适用法外处分的证据。① 决定不转处或对起诉的案件进行筛选是"低能见度"② 的警察和检察官自由裁量权的重大行使。自由裁量权行使的过程中可能存在歧视。一些研究显示，针对少数民族的未成年人，检察官不太可能行使自由裁量权不予起诉。③ 除了制度上的歧视问题外，检察官可能会倾向于对来自"好家庭"的未成年人采取法外措施，而将弱势群体的未成年人置于不利地位。警察和检察机关酌情决定对案件进行筛选或将未成年人转处到法外处分中，应以适当的政策和培训为指导，以确保公平有效地适用。此外，应该有足够的记录和信息共享，以避免不同的执法主体在不同场合下对未成年人案件的重复筛选。

在德国，根据犯罪黑数研究（dark figure research），在所有社会阶层的未成年人中，轻微犯罪是"正常的"，而且一般只是暂时的，因此针对轻微违法行为的处理，不会通过正式的司法程序进行。通过定罪确认"犯罪"很

① 《青少年刑事司法法》第119节2（a）和第119节（4）规定了适用法外措施而非法外处分的案件记录仅可以共享给以下人员：（a）在考虑是否对后续的犯罪行为适用法外措施的警察或皇家检察官；（b）正在考虑是否适用法外措施的会议参加者；（c）正负责处理犯罪行为警察、皇家检察官或会议参加者；或者（d）正在调查后续犯罪行为的警察。

② 即指警察和检察官对该类自由裁量权的行使所受到的限制与监督较少。

③ Warner et al., *What High‑School Students Believe About Detection and Enforcement*, Canadian Journal of Criminology, 401–420（1998）.

容易导致污名化，这种社会污点可能会损害未成年人的发展。标签理论与法律实践具有一定的相关性。德国学者许乃曼（Schünemann）指出，实施了违法犯罪行为的未成年人若未被立案侦查进入正式的司法程序，则其再犯可能性要低于已经进入正式司法体系的未成年人。同时，被非正式程序予以处遇的未成年人的再犯率也低于被正式司法程序处遇的人。

（三）检察官的转处制度

在检察官转处制度下，转处是指起诉前终止程序撤回案件，如果必要的话，检察官在非正式的程序中采取教育措施以代替正式的程序。……德国《少年法院法》第四十五条规定的是检察官的不起诉处分（Absehen von der Verfolgung），是指少年检察官转向处分的职权。"（一）被告已供认不讳，检察官认为并无必要以判决惩处时，检察官得向少年法官建议，赋予少年负担，课以任务，完成工作成果，参与交通课程，或处以警诫。第 11 条第 3 项，与第 15 条第 3 项第二句的规定，不适用。少年法官接受其建议时，检察官应当作出不起诉的处分。（二）下列情形，检察官得不经少年法官的同意，作出不起诉处分：1. 法官已经（谕知）告知一项教育措施，并认为无处罚必要的；2. 具有刑事诉讼法第 153 条所规定的要件的（该条规定的是轻微案件的不起诉）：（1）触犯最高本刑一年以下有期徒刑或罚金的罪名的，如认为行为人的责任轻微，且起诉后并无公益可言，检察机关得经所管辖法官的同意，作出不起诉处分。上述犯罪，所侵害的为他人法益，而其刑罚的科处，并不提高其最低本刑的，且其行为所引起的损害轻微的，无须经过法官的同意。（2）已起诉的，在第一项所规定的要件下，法院得经检察机关及被告的同意，随时终止该诉讼程序。"①

依据上述规定，检察官的转处职权有两种：一是经法官同意后的教育程序。此种职权的前提要件是未成年人认罪。无论未成年人实施的犯罪情节轻重，检察官认为无须进入审判程序则可适用转处。然而，如果未成年人涉嫌实施将判处一年以下有期徒刑的罪行，则不需要法官同意。因此未成年人触犯的罪名须为非前述一年以下有期徒刑的罪名，应是较重的罪名，但又不能违背"轻微性质（Gerinfügikeit）"的要件。故此类案件即较为重大的轻微案件。法官应当决定适用不拘形式的教育措施，根据未成年人案件的具体情况

---

① 沈银和：《中德少年刑法比较研究》，五南图书出版公司 1989 年版，第 134－135 页。

进行自由裁量。检察官仅建议法官给予未成年人教育性质的矫正措施，且建议内容仅供法官参考。矫正措施可分为四大类：（1）赋予负担；（2）警告；（3）指示；（4）参加交通课程。法律规定法官同意为检察官作出不起诉处分的要件，实践中法官往往均会同意。① 二是检察官的独立处分程序。对于同一未成年人，如果已对其适用一项教育措施，未成年人再犯轻微犯罪行为的，检察官可决定不再对其处分。这是基于教育功能的考虑，并非基于犯罪与处罚均衡的考量。如果未成年人所触犯的罪名为"极其轻微的案件"（实刑仅为一年有期徒刑）即为"轻微案件中的轻微案件"，检察官有予以处分的独立职权，无须获得法官的同意，即可依职权作出不起诉处分。其独立作出不起诉处分不需要附加任何条件。依据本项作出的不起诉，无须以自白为先决条件，与第一项规定不同。本项不起诉，强调的是案件的轻微性，无须过度干预（Uberschreitung）。轻微性有两方面：一是刑事责任轻微，二是并未侵害公益。这个标准并非绝对，由检察官根据自由裁量权确定。然而，一些州延伸了第 45 条的适用范围，涵盖了中度严重犯罪。②

（四）法官的转处制度

转处也可以在法院层面加以适用。转处通常以正式的方式启动，但如有必要，也叫通过驳回案件或适用教育措施的法令等非正式的方式结束。转处也适用于所有看似必须定罪的案件。从更广泛的意义上说，转处致力于最低限度的国家制裁。德国《少年法院法》第 47 条所规定的法官的终止诉讼程序，即法官转处的职权。全文如下："（一）起诉后，少年法官根据以下情形，终止诉讼程序：1. 认为无处罚必要，且对于已供认不讳的被告，已告知第 45 条第 1 项所规定的措施的。2. 具有第 45 条第 2 项规定的要件的。3. 被告未成熟的，不负刑事责任的。（二）终止诉讼程序，须经过检察官的同意。审判进行中也可以作出终止诉讼的裁定。该裁定必须附具体理由，并不得抗告。其理由如有不利于被告的教育的，不通知被告。（三）同一行为，只有发现新事实或新证据的，才可以重新起诉。"③

---

① 少年法官对于检察官的同意权，在实践中均尊重对方的意见。

② Kaiser & Gunther, *The Juvenile Justice System: the case of Germany*, Legal Studies Forum, 319－348（1994）.

③ 沈银和：《中德少年刑法比较研究》，五南图书出版公司 1989 年版，第 136－137 页。

法官的转处制度与检察官的转处制度稍有不同，法官均须经过检察官的同意，才能适用转处。轻微的未成年人犯罪案件，已经检察官滤筛一遍，检察官未适用转处而法官认为是轻微案件的，其情节实际是较为重大的。为尊重检察官的意见，审慎适用处分，故规定须经检察官同意。法官适用转处的犯罪，包括已经认罪的案件及未认罪而所犯罪名为一年以下有期徒刑的轻微案件。另外，不论触犯罪名的轻重，凡是未成年人的身心发展未成熟的，也可以适用转处。身心是否成熟必须经专家鉴定。

本项法官转处的裁定不得抗诉，但有学者认为违背第 45 条第 1 项所规定的教育措施所作出的裁定，则可以抗诉，这一观点经判决予以确认。如未经检察官同意而作出裁定，则属于程序违法，检察官自然有抗诉权。这种转处是考虑到在检察官已经提起指控后再终止程序可能出现的不便或不适。但是，在已经起诉的情况下，如果少年法庭对未成年犯的人格调查报告显示或在审判过程中发现案件情节轻微，诉讼程序也可能被终止。自案件被起诉时起，对案件的掌控权已经从检察官转移到法官。法庭的法令或法官的同意均可以撤销程序。

二、以实体内容周延为特征的模式

该类未成年人司法转处制度的主要特征表现为实体内容周延，与前述的模式不同，并未以程序阶段作为建构基础，而是以设计和安排实体内容为制度的重心，主要代表国家为澳大利亚。澳大利亚不同地区的未成年人司法转处制度既存在共通之处也存在一定差异。未成年人司法转处制度的内容包括以下几个方面。

（一）转处方案

在澳大利亚的未成年人司法转处实践中，转处方案主要包含警告或训诫与具有恢复性司法性质的会议两大类。新南威尔士适用的转处方案最为丰富和全面。1997 年新南威尔士州的《青少年罪犯法》（Young Offenders Act）的解释性说明指出，该法的目的是"通过适用未成年人司法会议，正式的训诫和警告，针对被指控犯有罪行的未成年人建议一项替代法庭程序的计划"。[①] 当介

---

① Explanatory Memorandum, Young Offenders Bill 1997 (NSW).

绍立法情况时，总检察长杰夫·肖（Jeff Shaw QC）指出"研究已经表明绝大部分未成年人与刑事司法体系接触的机会仅有一次并且不会再犯"。① 维多利亚州则以小组会议为主要的转处方案。2005 年维多利亚州的《儿童、少年与家庭人员法案》（Children，Youth and Families Bill）指出，将小组会议作为面临缓刑或监管令的未成年人的转处选择极大地激发了小组会议在将未成年人犯从刑事司法系统转移出并防止再犯方面的潜力。小组会议旨在将未成年犯及其家人、警察、受害者聚在一起，提高青少年对犯罪行为后果的理解，减少对他们再犯的可能性。小组会议建立在恢复性司法原则的基础上。

昆士兰州的转处方案主要是警察训诫。昆士兰州 1992 年《少年司法法案》（Juvenile Justice Bill）主张"必须追究实施犯罪行为的未成年人的责任，并鼓励其为自己的行为承担责任"，同时"鼓励尽可能地将未成年人从法院的刑事司法体系中予以转处"。因此，该法案"推动了警察训诫成为处理绝大多数未成年人犯罪问题的最合适的方式"。②

（二）转处的执行主体与阶段

在澳大利亚，未成年人司法转处的执行主体主要有两类，一是警察，二是法院。因此，根据执行主体的不同，各州和领地可分为三类。一是警察为未成年人司法转处的执行主体，塔斯马尼业州 1997 年的《青年司法法案》（Youth Justice Act 1997）的第二编规定了将未成年人从法庭程序中转处出来，制定警察的转处程序与社区会议相关的条文。二是法院担任转处的执行主体。在维多利亚州，恢复性会议是一项由法院适用的转处方案，警察无权将未成年人转介到恢复性会议中。③ 第四百一十五节规定了小组会议，目的包括"增加未成年人对他们的犯罪行为给受害者和社区带来的不良影响的理解"并"减少他们再犯的可能性"。④ 三是转处的执行主体既包括警察，也包括法院。1997 年新南威尔士州的《青少年罪犯法》的第三编涉及警察警

---

① New South Wales，Parliamentary Debates，Legislative Council，21 May 1997，8958（Jeff Shaw）.

② Queensland，Parliamentary Debates，Legislative Assembly，18 June 1992，5923（Anne Warner）.

③ Kelly Richards，*Police – Referred Restorative Justice for Juveniles in Australia*（Trends and Issues in Crime and Criminal Justice No 398，Australian Institute of Criminology，August 2010）.

④ Children，Youth and Families Act 2005（Vic）ss 415(4)(a)–(b).

告的执行。第十四节第二款规定了对有关罪行发出警告的权力，除非犯罪行为涉及暴力或调查官员认为处理措施不符合正义的利益。训诫和未成年人司法会议（youth justice conferences）分别规定在第四编和第五编中。第三十一节授权法院执行训诫。如果法院已对未成年人实施训诫，应当驳回起诉，[①] 并不得针对其行为采取进一步的诉讼行为。[②] 同样，针对完全履行未成年人司法会议条件的未成年人也不得采取任何诉讼措施。[③] 同样，北领地 2005 年《少年司法法》第三十九节第五款授权警务处处长或其代表要求警务人员通过会议或转处方案处理未成年人，从而证明了转处的广泛影响。第五编规定了未成年人司法法庭的事项，法院有自由裁量权将诉讼程序延期，并"在程序的任何阶段（裁定有罪之前）"[④] 针对未成年人适用转处项目或未成年人司法会议，从而增强了转处的主导地位。

（三）适用对象

在澳大利亚各州和领地，未成年人司法转处的适用对象不同，且判断标准存在差异。有的州和领地采用较为概括的方式界定转处的适用对象。如在南澳大利亚州，警方只有针对轻微罪行才能发出训诫。根据 1993 年《青少年罪犯法令》（Young Offenders Act 1993）第四节的规定，轻微犯罪是指警察考虑到伤害的有限程度、未成年犯的性格和经历、不可能再犯以及父母或监护人的态度后认为情节轻微的犯罪。在澳大利亚首都领地，恢复性司法会议适用于未成年人实施的"不太严重的罪行"[⑤] 或家庭暴力罪行。[⑥]

有的州和领地则采取反向列举的方式明确转处的适用对象。如在北领地，除了罪行严重、曾涉嫌犯罪或适用过转处的未成年人外，转处是对未成年人犯罪行为进行处遇的适当方式。根据西澳大利亚州 1994 年《少年罪犯法》（Young Offenders Act 1994）规定，该法的附表 1 和 2 中所列的八十多项罪行不适用训诫。[⑦] 与训诫类似，未成年人司法小组的转介不适用与附表 1

---

① Young Offenders Act 1997（NSW）s 31（1A）.

② Young Offenders Act 1997（NSW）s 32.

③ Young Offenders Act 1997（NSW）s 58.

④ Youth Justice Act 2005（NT）s 64.

⑤ Crimes（RestorativeJustice）Act 2004（ACT）s 14（1）.；See also ss. 14（3），14（6）.

⑥ Crimes（Restorative Justice）Act 2004（ACT）s 16（1）.

⑦ Young Offenders Act 1994（WA）s 22（3）.

和 2 所列的罪行。另一方面，第二十九节规定，初犯应当被转介到未成年人司法小组中。

（四）适用条件

未成年人司法转处的适用通常需要未成年人认罪并同意适用转处措施，同时执行主体需要对未成年人及其行为的具体情况予以考量决定。

1997 年新南威尔士州的《青少年罪犯法》规定，只有当未成年人认罪并同意训诫或参加会议时，才可以适用这两种方案。训诫的权力取决于警察对未成年人罪行的严重性和暴力程度、对受害者造成的伤害、犯罪前科和该法规定的事项以及"任何官方在该种情形下认为适当的事项"的考虑。[①] 然而，如果未成年人已经有三次及其以上受到训诫处遇，则无权再适用该项措施，对未成年人司法会议的适用亦是如此。[②] 同样，根据昆士兰州 1992 年《少年司法法案》第十一节的规定，在针对非严重罪行的未成年人启动刑事诉讼之前，警察应当判断在所有的情形下，不采取行动、训诫、转介到会议是否是更适当的处遇措施。[③] 在作出这项决定时，警察应考虑未成年人被指控的罪行的情况、犯罪记录、之前的训诫记录或其他处理记录。[④] 根据第十六节的规定，只有当未成年人认罪并同意适用训诫时，才可以适用该项措施。对未成年人进行训诫后，则不得对其提起诉讼，并不会留下犯罪记录。

然而，有的州和领地并未严格规定转处适用的具体条件，而将转处作为处理未成年人犯罪时优先考量的方案。根据西澳大利亚州 1994 年《少年罪犯法》（Young Offenders Act 1994）的规定，在对未成年人启动起诉之前，警察必须首先考虑是否在所有情况下不采取行动或训诫是否更适当。第五编第二章规定的是有关转介到未成年人司法小组（juvenile justice team）的内容；自由裁量权的行使应遵循的原则是"对未成年犯的处遇应设法避免将其暴露在可能会进一步导致再犯的关系或情形中"。[⑤]

再如，塔斯马尼亚州 1997 年的《青年司法法案》第八节授予警察针对

---

① Young Offenders Act 1997（NSW）s 20（3）.
② Young Offenders Act 1997（NSW）ss 36 - 7.
③ Youth Justice Act 1992（Qld）s 11（1）.
④ Youth Justice Act 1992（Qld）s 11（2）.
⑤ Young Offenders Act 1994（WA）s 24（a）（i）.

未成年犯进行非正式训诫的自由裁量权，从而不再采取进一步的诉讼措施。在警察认为需要采取更正式的行动时，警察可以对未成年人发出正式的训诫，并要求司法部的部长召集社区会议或向治安法庭的未成年人司法部（Youth Justice Division of the Magistrates' Court）提出起诉。[1] 后者只适用于：一是未成年人"要求法庭处理犯罪行为"；[2] 二是未成年人不"同意适用正式的训诫"或"签署训诫令"；[3] 三是未成年人不"同意召开社区会议"或"参加会议"；[4] 四是警察考虑到未成年人犯罪行为的严重性或性质认为不能通过正式训诫或会议予以处理。[5] 根据北领地2005年《少年司法法》第三十九节，如果警察合理地认为未成年人实施了犯罪，应当给予其口头或书面的警告而非起诉，并召集未成年人司法会议或将其转介到转处项目中，[6] 除非："被指控是严重犯罪"，[7] 或未成年人有证明其"不适合适用转处"的记录（包括曾使用过转处或曾被定罪的历史记录）。[8]

（五）转处效力

一般而言，针对实施了犯罪的未成年人适用转处时，如果未成年人遵守转处所要求的条件，成功履行转处所设定的义务，该案件则应宣告终结，不再进入或继续进行正式的司法程序。在塔斯马尼亚州，如果未成年人遵守会议所要求的条件或受到训诫，则不得对其提起诉讼。[9] 根据《青年司法法案》第三十七节，法院可酌情决定对未成年人不判处刑罚，但可以要求未成年人参加由司法部部长召集的社区会议。[10] 根据南澳大利亚州1993年《青少年罪犯法令》第七节第一款，警察可能会采取更正式的程序，包括召开家庭

---

① Youth Justice Act 1997（Tas）s 9.

② Youth Justice Act 1997（Tas）s 9（6）（a）.

③ Youth Justice Act 1997（Tas）s 9（6）（b）.

④ Youth Justice Act 1997（Tas）s 9（6）（c）.

⑤ Youth Justice Act 1997（Tas）s 9（6）（d）.

⑥ Youth Justice Act 2005（NT）s 39（2）.

⑦ Youth Justice Act 2005（NT）s 39（3）（b）. 第39节（7）定义的严重罪行是法规或类似法律规定的相关罪行，包括澳大利亚其他地方的规定。

⑧ Youth Justice Act 2005（NT）s 39(3)(d).；Youth Justice Act 2005（NT）s 39(3)(c).

⑨ Youth Justice Act 1997（Tas）s 20（1）.

⑩ Youth Justice Act 1997（Tas）s 37（1）.

会议或向法庭提出指控。然而，只有当未成年人要求犯罪行为由法院处理，或者未成年人再犯，或其他加重情节①使得警察认为自己或家庭会议无法妥善处理该犯罪行为时，才可以对其提起指控。家庭会议规定在第三章，同时规定了未成年人受到训诫或履行了附加的条件后免于被起诉的权利。② 与塔斯马尼亚州和北领地类似，即使未成年人的罪行已经确定，法院保留将未成年人提交给警察或家庭会议的自由裁量权。③

　　同时，未成年人司法转处的适用通常不会被记入刑事犯罪记录。根据西澳大利亚州 1994 年《少年罪犯法》的规定，未成年人不会因之前的训诫或起诉通知书（infringement notice）而被视为实施过犯罪行为。④ 最后，如果未成年人已经履行了未成年人司法小组设定的条款，法庭对该罪行的任何指控应当予以驳回。⑤

三、混合模式

　　混合模式是指未成年人司法转处制度既有程序阶段分明的特征，又有实体内容丰富周延的特征，主要代表国家有奥地利和部分东南亚国家。

　　在奥地利，根据《未成年人法院法》的规定，除了罚款和监禁刑等传统手段，制裁手段还包括只判决不处罚（conviction without punishment）与缓刑（suspended sentence）的其他形式。因此，未成年人的刑罚包括从最轻微的不干预到最严重的监禁。⑥ 在决定适用何种制裁时，应当考虑最佳的预防效果以及对未成年人生活的最小影响。罚款与监禁刑应当作为最后手段。检察院与法院都可以决定适用转处。⑦ 转处令（diversion order）的前提条件是应当查明案件事实且有证据证明犯罪嫌疑人实施了被指控的犯罪行为。未成年

---

① Young Offenders Act1993（SA）s 7（4）.
② Young Offenders Act1993（SA）s 12（10）.
③ Young Offenders Act 1993（SA）s 17（2）.
④ Young Offenders Act 1994（WA）s 25（4）.
⑤ Young Offenders Act 1994（WA）s 33（2）.
⑥ John A. Winterdyk, *Juvenile Jusice: International perspectives, models, and trends*, CRC Press, 2015, p. 31.
⑦ 值得注意的是，转处这一概念刚开始被用来处理未成年犯，在被证明有价值后，它成为通常意义上的刑法，因此也成为成年罪犯的一种选择。

人的转处措施既有不干预类型的，也有干预类型的。

不干预转处尤其适用于未成年人实施的轻微犯罪（例如入店行窃价值较低的财物），且当局的反应已经对未成年人起到了预防作用。但是，该类措施不限于轻微犯罪：如果犯罪行为的最高刑罚是罚款或不超过五年的监禁（因此抢劫与敲诈勒索也包括在内），并且并未致人死亡，也可以适用不干预。如果干预措施对于预防再犯毫无必要，检察官和法官应当撤回案件。此外，在作出自由裁量的决定时，应当考虑震慑效果与法律公信力。

与不干预的案件不同，如果刑罚超出了最多五年监禁刑或者判处了罚款，则可予以适用干预类型的转处。然而，未成年人触犯的罪名不一定严重，应受谴责的行为不一定致人死亡。如果刑罚超过了最多五年的监禁刑，犯罪行为通常被视为严重类型。这类案件需要特定的缓和的情况以选择转处措施。其他情况下，未成年犯罪嫌疑人应当同意转处程序的适用。

除了以上的处理方式，检察官或法官可以适用其他的干预措施。例如，缓刑令可与其他特定的义务结合适用；被害人－行为人和解要求被害人的同意、社区服务以及未经判决的罚款。如果未成年人可以支付并未造成生活困难，才可以对其适用罚款。在毒品犯罪案件中，如果未成年人服用非法毒品并且符合奥地利毒品法（Austrian Narcotic Act）规定的前提条件，公诉人或者法庭则要求适用与健康相关的措施。然而，适用该种处遇方式，应当取得行为人的同意。当未成年人获得转处时，其不会被包含在警方的无犯罪记录证明中。这一点非常重要，因为求职时经常要求警方提供无犯罪记录证明。因此，公诉人为预防判决的污名化，对未成年犯经常适用转处以代替起诉。

在一些东南亚国家，未成年人司法转处制度吸收了恢复性司法、儿童福利等理念，故呈现出的特征丰富多元。如印度尼西亚的《少年司法法》(Juvenile Justice Law) 规定，转处的目标是"在受害者与未成年人之间达成友好和解；达成庭外和解；防止未成年人被剥夺自由；鼓励公众参与；并向孩子灌输责任感"。[①] 在调查、起诉和地方法院审判的阶段均可适用转处。转处可以适用于犯有"不满七年徒刑的罪行且非再犯的未成年人"。[②] 转处通过

---

① Act on Juvenile Justice System, Article 6.
② Act on Juvenile Justice System, Article 7.

未成年人及其父母或监护人、受害者和/或其父母或监护人、观护官和社会工作者之间的恢复性司法会议完成。转处过程应考虑到：受害者的利益；未成年人的福利和责任；预防负面的社会污名化；预防报复（retaliation）；确保社会和谐；礼节、道德与公共秩序。^①当对案件适用转处时，调查官、检察官和法官应当考虑：犯罪类型；未成年犯的年龄；社会调查报告的调查结果；未成年人家庭和环境的支持。^②

转处协议需要受害者和/或其家属的同意，以及未成年人及其家属的自愿证明。如果未成年人所犯的罪行是违法、轻微或无受害者的行为，或受害者遭受的损失不超过当地省级最低工资的，则转处的适用不需要征得前述主体的同意。^③只有当受害人是未成年人时，才需要受害者家属的同意。调查官可以与未成年犯罪嫌疑人和/或其家属、观护官以及社区成员共同拟定转处协议。^④调查官根据观护官的建议撰写转处协议。协议的结果有如下形式：一是对受害者的赔偿（如果犯罪行为存在受害者）；二是医疗与心理康复；三是将未成年人交还给父母或监护人照料；四是参加三个月左右的由教育机构提供的教育或培训课程；五是进行三个月左右的社区服务。^⑤转处协议必须在签署后三天内提交给当地法院，由观护官予以确认，其确认一般不超过三天。确认书必须在前述后三天内提交给观护官、调查官、检察官和法官。调查官可以在收到确认书后发出终止调查的命令或者终止起诉的命令。^⑥

---

① Jan Van Dijk, *The world of crime: Breaking the silence on problems of security, justice and development across the world*, California: SAGE Publications, 2008, p. 335; Griffith University, Youth Violence in South East Asia, Asia Pacific Centre for the Prevention of Crime Policy Brief Series 2, October 2013, Article 8 (3).

② Ministry of Women Empowerment and Child Protection, Profile of Indonesian Children, 2012 (Jakarta: CV Miftahur Rizky), Article 9 (1).

③ Ministry of Women Empowerment and Child Protection, Profile of Indonesian Children, 2012 (Jakarta: CV Miftahur Rizky), Article 9 (2).

④ Ministry of Women Empowerment and Child Protection, Profile of Indonesian Children, 2012 (Jakarta: CV Miftahur Rizky), Article 10.

⑤ Ministry of Women Empowerment and Child Protection, Profile of Indonesian Children, 2012 (Jakarta: CV Miftahur Rizky), Article 10 (2).

⑥ Ministry of Women Empowerment and Child Protection, Profile of Indonesian Children, 2012 (Jakarta: CV Miftahur Rizky), Article 12.

若符合下列情形，则刑事诉讼程序可能恢复：一是转处过程并未达成协议，二是未成年人未能履行转处协议。① 执行转处协议的责任在于未成年人司法程序各阶段负责人员的直接上级。在整个转处过程中，直到执行协议阶段，观护官都应当提供协助、指导与监督。如果在约定的时间内转处协议没有实施，观护官必须立即向负责人员报告。负责人需要在七天内根据该报告采取后续行动。②

在调查阶段，调查官被要求在调查开始后七天内尝试适用转处。③ 转处协议必须在转处生效后三十天内执行。④ 协议成功实施后，调查官应当向地方法院院长提交一份有关转处的警察报告，以便法院发出相关令状。然而，如果转处失败，调查官必须继续进行调查，并应当将案件移交检察官，包括转处报告和社会调查报告。⑤ 工作人员尝试进行转处的最长期限以及转处的有效期在检察院阶段和法院阶段是一样的。在检察院阶段，检察机关应当向地方法院院长提交转处报告以便法院发出令状。当转处失败时，检察机关必须将案件提交法院，包括转处报告。⑥ 在地方法院阶段，转处过程必须安排在法院的调解室中。如果转处成功执行，法官必须制作转处成果报告以发布法院规定。⑦ 法官收到起诉书后，应指示观护官在未成年人不在场的情况下查看未成年人的社会调查报告，包括转处报告。在转处过程中，观护官应当制作一份社会调查报告，以便对未成年人进行指导和监督，同时监督协议的

---

① Ministry of Women Empowerment and Child Protection, Profile of Indonesian Children, 2012 (Jakarta: CV Miftahur Rizky), Article 13.

② Ministry of Women Empowerment and Child Protection, Profile of Indonesian Children, 2012 (Jakarta: CV Miftahur Rizky), Article 14.

③ Ministry of Women Empowerment and Child Protection, Profile of Indonesian Children, 2012 (Jakarta: CV Miftahur Rizky), Article 29 （1）.

④ Ministry of Women Empowerment and Child Protection, Profile of Indonesian Children, 2012 (Jakarta: CV Miftahur Rizky), Article 29 （2）.

⑤ Ministry of Women Empowerment and Child Protection, Profile of Indonesian Children, 2012 (Jakarta: CV Miftahur Rizky), Article 29 （3）.

⑥ Ministry of Women Empowerment and Child Protection, Profile of Indonesian Children, 2012 (Jakarta: CV Miftahur Rizky), Article 42.

⑦ Ministry of Women Empowerment and Child Protection, Profile of Indonesian Children, 2012 (Jakarta: CV Miftahur Rizky), Article 52.

执行。如果协议未能执行，观护官有义务向法院报告。①

老挝的未成年人法律中有关于转处的规定。《少年刑事诉讼法》（Juvenile Criminal Procedure）规定，实施轻微罪行的未成年人由四个部门处理：乡村儿童调解队（Village Child Mediation Units），地区或市政司法办公室（District or Municipal Justice Offices），儿童调查问讯处（Child Investigative – Interrogative Units）和儿童检察院（Child Prosecutor's Units）。由于儿童调查问询处和儿童检察机关尚未成立，因此这些级别的转处程序由调查 – 询问机构（Investigation – Interrogation Agencies）和最高检察官办公室（Office of Supreme Public Prosecutors）进行。

乡村儿童调解队是村级的基层调解单位，它在司法部的管辖下进行正式运作，但其中大多数是通过更为普遍的村级调解单位建立的。社区调解委员会由地方行政办公室任命，旨在通过习惯、制度与法律相结合的方式解决社区一级的纠纷。这些委员会由村长和老挝国家建设局、老挝妇女联盟、老挝青年联盟的代表、村民警察以及其他人组成。地区或市政司法办公室属于省或市级的行政办公室，由省或万象首都司法部进行监督。当村级调解不成功时，各乡镇司法厅对村民调解队提交的未成年人案件进行重新教育和调解工作。地区或市政司法办公室应当在 30 天内进行调解，调解不成功的情况下，由调查 – 询问机构进行调查，并将案件送交检察机关审议，有可能提起刑事诉讼。最高检察机关应考虑将案件转交乡村儿童调解队以通过调解解决案件。如果前述方案均不成功，该案件则可能会被向少年法庭起诉。

菲律宾《少年司法和福利法》（Juvenile Justice and WelfareAct of 2006）的第二十三节规定了针对已满十五岁未满十八岁且被评估为有明确辨别行为能力的涉罪未成年人实施的转处程序。在菲律宾，转处是指一种在未成年人的社会、文化、经济、心理或教育背景的基础上使其承担责任并进行处遇的具有替代性与未成年人适应性的程序。转处过程应以恢复性方案为中心，在适用时应运用恢复性司法程序，其中包括但不限于受害者 – 罪犯调解、社区和家庭小组会议、量刑圈（circle sentencing）、和平圈（peacemaking circles）、修复性缓刑，社区委员会，和小组、现有的社区接受的体现恢复性司

---

① Ministry of Women Empowerment and Child Protection, Profile of Indonesian Children, 2012 (Jakarta: CV Miftahur Rizky), Article 65.

法的司法实践。在制定和执行转处项目时，应考虑以下原则：一是根据第七条适用恢复性司法原则；二是采取积极措施；三是充分调动利用周边的力量，包括家庭、志愿人员、学校和其他社区机构；四是对未成年人进行有效、公平和人道的处遇；五是促进未成年人的福祉。

转处由以下方式管理：第一，执法人员，如果未成年人已满十五岁但未满十八岁，且具备明确辨别行为的能力，被指控涉嫌不超过六年监禁刑的犯罪行为；第二，当地社会福利与发展官员（Local Social Welfare and Development Officer），如果未成年人已满十五岁但未满十八岁，且具备明确辨别行为的能力，被指控涉嫌不超过六年监禁刑的犯罪行为；第三，检察官或法官，如果未成年人已满十五岁但未满十八岁，且具备明确辨别行为的能力，被指控涉嫌不超过六年监禁刑的犯罪行为。

修订条例也规定了法院外的转处程序的指导原则、不同转处阶段的转处委员会组织以及管理转处的机构的职责、转处项目的制定、转处合同的制定以及转处程序的期限和终止。[1] 一方面，如果犯罪行为将判处的监禁刑不超过六年，观护官有权对其适用转处程序。转处通过调解、家庭会议与调解进行，并酌情考虑未成年人的最大利益，以期实现恢复性司法的目标。对于被判处的监禁刑不超过六年且无受害者的犯罪行为，当地社会福利和发展官员应与未成年人及其父母或监护人会面，协调制定适当的转处和康复方案。另一方面，如果所犯罪行将被判处的监禁刑超过六年，则只能由法院采取转处措施。由于司法机关的独立性和宪法赋予最高法院颁布有关所有法院的诉状、惯例和程序的规定的权力，2009 年菲律宾最高法院颁布的《关于涉罪未成年人法律的修订细则》(Supreme Court Revised Rule on Children in Conflict with the Law)(以下简称《细则》) 将继续指导法院的转处程序。

《细则》要求在由其分庭法务委员会主席组成的每个法院中组建转处委员会，检察官、公共律师办公室委托的律师、法院指定的社会工作者担任成员。[2] 该委员会应确定未成年人是否可以适用转处，并转介到替代性措施或服务，或者转处是否不适当。在委员会决定转处之前，法院应当将未成年人交给父母、监护人、照管人或最亲近的亲戚；如果此举不可行，则将未成年人送到适当的未成年人拘留所或未成年人康复中心，该中心将负责保证

---

① Rules 43 to 56, Part X.

② Supreme Court Revised Rule on Children in Conflict with the Law, Sec. 31.

未成年人参加转处程序。如果转处委员会认为转处不适当、未成年人反对转处，或者未成年人适用的转处项目已经失败，则委员会应向法院提交报告，建议案件进入正式的刑事诉讼程序。[①] 委员会收到法院书记处予以转处的案件后，主席应召集会议通知未成年人、父母或适当的监护人或照管人、最亲近的亲戚或未成年人的律师，以确定未成年人是否可以转处到社区而非正式进入法庭诉讼。在确定转处是否适合未成年人时，委员会应考虑以下因素：未成年人是否有过违法犯罪的记录；未成年人对自己和社区构成明显威胁的可能性；未成年人是否后悔实施犯罪；未成年人或父母无动于衷或具有敌意是否会增加犯罪行为的可能性；是否有未成年人康复和重新融入社区的方案。如果委员会认为转处是适当的，则应制定转处方案提交法院审议和批准。如果委员会认为转处不合适，应作出相应的报告和建议。[②]

转处项目包含以下任何一项或多项内容：书面或口头谴责、书面或口头的道歉、赔偿造成的损害、支付诉讼费用、归还财产、指导和监督令、向未成年人及其家属提供咨询、参加培训、研讨会和讲座、愤怒管理技能、解决问题和冲突的技能、价值观塑成、其他将有助于未成年人妥善处理可能导致再犯的情况的能力、参与现有的以社区为基础的方案、社区工作细节计划、机构照顾和监护。转处项目还应包含一项能够确保未成年人民事责任得到履行的计划。无法履行民事责任不应成为终止未成年人转处项目的理由。

另外，如果该案件后来被送回法院进行审讯，并且未成年人同意适用转处或支付民事赔偿，则该行为不得以任何方式被解释为认罪，并在案件后来被送回法院进行正式诉讼时成为不利证据。[③] 法院的社会工作者每月定期对正在转处程序中的未成年人进行回访，并将有关转处未成年人的相关报告提交给委员会。在转处结束前的任何时候或转处结束时，委员会可以向法院提交建议终止或延长转处的报告。法院应自收到该报告之日起十五日内审理。根据转处委员会的报告和建议，法院可以：第一，如果认为未成年人已经顺利地执行转处项目，则发出终止该案件令状；第二，如果认为未成年人可能仍在康复中，则延长转处期；第三，如果发现未成年人

---

① Supreme Court Revised Rule on Children in Conflict with the Law, Sec. 32.
② Supreme Court Revised Rule on Children in Conflict with the Law, Sec. 33.
③ Supreme Court Revised Rule on Children in Conflict with the Law, Sec. 34.

没有遵守转处项目或该计划无法实现其初衷，则命令该案件进入正式的法庭诉讼程序。①

泰国各省设有少年观察及保护中心（Juvenile Observation and Protection Centers）和少年及家庭法庭（Juvenile and Family Courts），泰国共有 77 个少年观察及保护中心，78 个少年和家庭法庭，曼谷有 2 个少年和家庭法院。所有被起诉犯罪的未成年人必须通过未成年人司法系统，即警察、法院和少年观察及保护部进行处理。因此，这些转处大多数是由工作人员在未成年人司法系统内正式进行的。所有针对未成年犯的正式转处由少年及家事法庭授权。在审判前和裁判前的期间内，2010 年 B. E. 2553 号《少年及家事法庭程序法》（Juvenile and Family Court and Family Cace Procedure，Act B. E. 2553）允许未成年人从起诉中转处，正如第七章刑事私诉的特别措施、第八十六节与第九十节所规定。

这两节规定了相似的观念与程序。主要的区别是犯罪的严重程度，如果未成年人应被给予机会，工作人员可以作出转处的决定。第八十六节适用于被指控犯有最高五年监禁刑的刑事犯罪的未成年人。在这种情况下，由少年观察及保护中心的主任（考虑年龄、个人记录、行为、智力、教育背景、身体和精神条件、职业、财务状况和犯罪原因、若不起诉未成年人可能改过自新）作出是否应对该未成年人进行转处的最终决定，所有事项均在少年观察及保护中心中进行。对于第九十节，当针对未成年人的起诉已经提交法院，并被指控犯有最多可判处二十年监禁刑的刑事犯罪时，由少年法院的法官作出决定。随后，未成年人可以参加一项康复计划。康复计划与意见被共同提交给检察机关审议，其执行情况应当向法院报告。如果法院认为制订康复计划的过程是非法的，则可以按照其认为适当的方式发布令状。另外，康复计划的准备工作需要受害者和未成年人的同意。

少年观察中心的主任根据第八十六节制订康复计划，邀请被提起指控的未成年人及其当事方、受害者、精神科医生或社会工作者参加会议。少年观察中心也可以邀请具有相关职责或受到犯罪影响的社区代表、机构，或者检察机关（这些参与者将组成委员会）。未成年人完成委员会的要求后，检察官应当撤回起诉。刑事裁决第九章指出了未成年人的另一个转处场所。第一百三十二节指出，法院有权决定不起诉未成年人，并对其适用

---

① Supreme Court Revised Rule on Children in Conflict with the Law, Sec. 38.

替代方案。在本节中，如果法庭认为在该案件的情况下作出判决是不合适的，或父母、监护人向法院提出请求，法院可以在咨询受害者的意见后发出令状，该令状可以附带或不附带保证金地暂时释放未成年人并送交监护人，或附带保释金与安全保证条件，要求未成年人向观护官或其他工作人员报告，执行治疗与康复计划，寻求辅导、参加康复或替代性活动，或者适用法庭认为适当的措施，直至未成年人达到二十周岁。

未成年人在法院规定的期限内完成条件后，法院将发布令状结案，不得就被告实施的罪行作出判决，司法机关不再有起诉未成年人的权利。但是，如果未成年人违反第一百三十二节规定的条件，法院将恢复诉讼程序（第一百三十三节）。目前，负责成年人和未成年人观护工作的观护部出现人手不足以及案件过多的问题。因此，法院在很长一段时间内倾向于将那些有时只需要儿童福利的未成年人送到拘留或少年培训中心。

第二节　基于国际准则的制度体系考察

联合国通过的国际司法准则中有关未成年人司法转处的规定，集各国转处实践与制度发展的丰富经验与普适内容于一体。其中，以 1985 年的《联合国少年司法最低限度标准规则》（以下简称《北京规则》）和 1989 年的《儿童权利公约》（以下简称《公约》）规定的内容较为全面、丰富，且最具代表性，为未成年人司法转处勾勒出一个较为周延的体系，[①] 故下文将从四个方面对国际准则中的未成年人司法转处制度进行考察、描述和剖析。

---

① 马丽亚：《未成年人刑事司法转处的国际准则与本土化思考》，载《湖北警官学院学报》2017 年第 1 期。

🌱 一、转处依据

根据《北京规则》第 5 条第 1 款①，第 10 条第 3 款②和第 17 条第 1 款③的规定，对未成年人进行转处时，需要考虑的依据主要有三个方面，即未成年人行为、未成年人和社会。首先，未成年人的行为包括未成年人实施犯罪行为的具体情况和严重程度，这是对行为本身的事实判断，也是需要考虑的第一重因素。其次，未成年人自身的特殊情况是对个案更深刻的考量，与此相关的规定还有 1990 年《联合国保护被剥夺自由少年规则》第 28 条。④ 同理，不论拘留与否，对未成年人的决定都必须根据他们的身份、年龄、性格、成长环境、具体需要和特殊要求等情况而科学合理地作出。最后，对未成年人进行司法转处还应当考虑社会的需要，此处应作广义层面的理解，即不仅包括整个社会的需要，还包括未成年人所处社区的需要。从价值层面上讲，未成年人犯罪实质上也是对社会安定秩序的一种侵害，但是由于未成年人各方面的特殊性，在权衡二者轻重时，决定主体更倾向于优先考虑未成年人的需要，而让社会的整体利益作出适当范围内的暂时性让步。从操作层面上讲，适当的暂时性的让步表现为社区在可接受范围内的配合，因为未成年人的司法转处的具体方案很多情况下都依赖于社区的支持和帮助，故考虑社区的条件和意愿对于保证司法转处的效果具有至关重要的作用。

此外，在《北京规则》中多次提到要将"未成年人的福祉"视作对其

---

① "少年司法制度应强调少年的幸福，并应确保对少年犯作出的任何反应均应与罪犯和违法行为情况相称。"

② "应设法安排执法机构与少年犯的接触，以便在充分考虑到案件情况的条件下，尊重少年的法律地位，促进少年的福利，避免对其造成伤害。"

③ "主管当局的处理应遵循：（a）采取的反应不仅应当与犯罪的情况和严重性相称，而且应当与少年情况和需要以及社会的需要相称""（d）在考虑少年的案件时，应把其福祉看作为主导因素。"

④ "拘留少年的环境条件必须根据他们的年龄、个性、性别、犯罪类别以及身心健康充分考虑到他们的具体需要、身份和特殊要求，确保他们免受有害的影响和不致碰到危险情况。将被剥夺自由的各类少年实行分开管理的主要标准是提供最适合有关个人特殊需要的管教方式，保护其身心道德和福祉。"

进行转处的最重要的因素,① 并且《公约》第 40 条第 4 款也再次提到 "儿童的福祉"。② "未成年人的福祉" 即《公约》第 1 条第 3 款③确定的 "儿童的最大利益", 意味着对未成年人进行转处前或者过程中都应当以未成年人的最大利益为首要考虑, 增进少年的福利。④ 根据未成年人的不同情况采取相应的适当的观护办法, 即便未成年人实施较为严重的犯罪行为, 对未成年人综合情况进行考量后, 如果需要, 也应当对其进行转处, 这使得转处更具针对性和灵活性, 对于未成年人而言更具积极意义。

🅨 二、转处阶段

未成年人转处阶段的全程性与转处依据的多样性密不可分。由于未成年人的福祉是对其进行司法转处的核心依据, 因此转处应当是基于未成年人最大利益的考量, 尽可能尽早地让其脱离正式的司法程序, 也就意味着不论未成年人处于何种诉讼阶段, 都可以对其进行转处。1997 年《刑事司法系统中儿童问题行动指南》第 15 条的规定⑤是国际准则中第一次明确规定对未成年人转处阶段的全程性。由于审前阶段可能包含会对未成年人造成严重影响的逮捕和羁押措施, 因此国际准则要求将逮捕也作为对未成年人进行转处的一个重要的程序节点, 未成年人一经逮捕, 依据《北京规则》第 10 条第 2 款的规定, "法官或其他主管人员或主管机关应不加拖延地考虑释放问题"。《北京规则》第 17 条第 4 款规定了审前起诉机关有权 "随时撤销诉讼", 尽

---

① 《北京规则》第 1 条规定: "会员国应努力按照其总的利益来促进少年及其家庭的福利。"

② "应采用多种处理方法, 以确保处理儿童的方式符合其福祉并与其情况和违法行为相称。"

③ "关于儿童的一切行动, 不论是由公私社会福利机构、法院、行政当局或立法机构执行, 均应以儿童的最大利益为一种首要考虑。"

④ 宋英辉、何挺、王贞会:《未成年人刑事司法改革研究》, 北京大学出版社 2013 年版, 第 22 页。

⑤ "应对现有的程序进行一次审查, 如可能应制定转送教改或其他替代传统刑事司法系统的措施, 以避免对受到犯罪指控的青少年实行刑事司法制度。应采取适当的步骤, 在逮捕前、审判前、审判和审判后阶段全国范围都可采用广泛的各种替代和教育措施, 以防止重犯并促进儿童罪犯在社会中改过自新。"

可能地避免未成年人遭受法院的审判、成为罪犯、被判处监禁刑的可能性。同时该规则第 28 条第 1 款规定"有关当局应尽最大可能并尽早采用从监禁机关假释的办法",为审判后进入执行阶段的未成年人提供了及时转向的路径。从措施上来看,虽然成年人也有相应的撤诉和假释的规定,但是就未成年人这一特殊主体而言,对其进行转处的要求都是"尽最大可能"、"尽早"且"随时"。

对未成年人进行转处,将立案侦查、起诉、审判及执行等程序阶段纳入转处的适用范围,[①] 每个阶段均有不同的主体作出相应的转处决定,这不仅反映出转处完善的静态体系,更反映出对未成年人进行转处是基于对其福祉的关怀,基于其最大利益的考量,因此一直对未成年人的情况保持动态关注。转处阶段的全程性,从形式上来看,是为未成年人进入正式的司法程序设置了环环相扣的拦截线;从实质上来看,是为未成年人的合法权益提供了严密紧实的保护网。

⚕ 三、适用主体

对作出未成年人转处决定主体的首要标准是专业化和专门化。根据《公约》第 40 条第 3 款的规定,[②] 决定对未成年人进行转处的当局或机构必须是专门建立的。《北京规则》第 6 条第 3 款[③]和第 12 条第 1 款[④]对从事少年司法的执法人员的专业化进行了明确的规定。执法机构第一次接触涉罪未成年人的情况会直接影响到未成年人对社会的看法。而且,任何进一步的干预是否成功,在很大程度上取决于这种初步接触。而警察又是与进入少年司法领域的未成年人进行接触的第一类主体,因此其具备专业的处理未成年人司法领

---

① 钟勇、高维俭:《少年司法制度新探》,中国人民公安大学出版社 2011 年版,第 329 页。

② "缔约国应致力于促进规定或建立专门适用于被指称、指控或确认为触犯刑法的儿童的法律、程序、当局和机构。在适当和必要时,制定不对儿童诉诸司法程序的措施,但须充分尊重人权和法律保障。"

③ "行使处理权的人应具有特别资历或经过特别训练,能够根据自己的职责和权限明智地行使这种处理权。"

④ "为了圆满地履行其职责,经常或专门同少年打交道的警官或主要从事防止少年犯罪的警官应接受专门指导和训练。在大城市里,应为此目的设立特种警察小组。"

域的知识和素养是非常必要的。所以，对于未成年人的转处而言，决定主体的专门化和专业化是保障转处效果的基本条件。

对未成年人进行转处的主体，除了警察之外，还有检察机关、法院、仲裁庭、委员会或理事会等其他机构，这在《北京规则》的第 11 条第 2 款中得以体现。① 同时该条规定的"自行处置案件无需依靠正式审讯"表明，决定对未成年人进行转处的主体拥有较大的自由裁量权，虽然也有一定的约束，即对未成年人进行转处应征得未成年人及其父母或监护人的同意，且方案在执行前需经主管当局审查，但是由于一般情况下前者都会同意，后者通常都会审查通过，故决定主体拥有的自由裁量权不论从实体还是程序层面来看都是相当大的。

此外，该规则第 23 条和第 28 条分别规定了主管当局"认为有必要时随时更动裁决的权力"和"尽最大可能并尽早采用从监禁机关假释的办法"。因此，根据国际准则的规定，有权决定未成年人司法转处的主体（即"主管机关"）即是主管未成年人的任何主体。同时，根据国际准则的规定，可以由一个、几个或全部当局根据各法律制度的规则和政策并遵循本规则来施行未成年人司法转处。

四、转处方案

对未成年人进行司法转处的首要方案是释放和不干预，此种决定是基于对未成年人及其行为的合理考量而作出的，符合未成年人最大利益原则。更多的转处方案在《北京规则》第 18 条第 1 款有明确的规定。② 这些方案在不同的法律制度中已经施行且证实有效，且规定并未列出更多的转处方案的实施细节，故国际准则既鼓励推广和发展以上方案，也不排斥各国根据本国国

---

① "应授权处理少年犯案件的警察、检察机关或其他机构按照各法律系统为此目的规定的标准以及本规则所载的原则自行处置这种案件。"

② "应使主管当局可以采用各种各样的处理措施，使其具有灵活性，从而最大限度地避免监禁。有些可以结合起来适用的这类措施包括：（a）照管、监护和监督的裁决；（b）缓刑；（c）社区服务的裁决；（d）罚款、补偿和赔偿；（e）中间待遇（intermediate treatment）和其他待遇的裁决；（f）参加集体辅导和类似活动的裁决；（g）有关寄养、生活区或其他教育设施的裁决；（h）其他有关裁决。"

情对具体的转处方案进行尝试和探索。该规则第 11 条第 4 款的规定①也表明，目前实践中的司法转处方案大多依赖于社区执行监外教养办法，因此社区在对未成年人进行司法转处中的作用举足轻重。这些转处方案不仅是审判前的转处方案，而且是审判后当对未成年人进行假释、释放之后根据其情况和需要施行的转处方案。

转处方案的成功施行不仅立足于决定主体对未成年人自身和行为的综合考量，而且立足于未成年人及其监护人的自愿配合，② 未成年人及其监护人只有同意和接受转处方案，方案才能顺利开展且达到应有的效果，因此转处方案的实施应取得未成年人及其监护人的真正同意，而非迫于没有更多选择的无奈。《北京规则》第 18 条第 2 款再次强调了监护人对未成年人转处方案的配合。

此外，未成年人的司法转处方案施行之后，并不是一成不变的，而是由主管当局根据掌握的每一个未成年人的情况不断进行调整的，最终的目标是未成年人得以成功教养且回归社会，进而可以终止对未成年人的任何干预。未成年人的刑事司法转处方案是动态的，也是个性化的。

第三节　总结：制度的法理提炼

🌱 一、未成年人司法转处制度应具备的基本特征

域外各国的经验表明，未成年人司法转处制度的建立与发展是必然之势，这同时也符合联合国公约的要求与期待，正如《〈儿童权利公约〉第 10

---

① "为便利自行处置少年案件，应致力提供各种社会方案，诸如短期监督和指导、对受害者的赔偿和补偿等等。"

② 《北京规则》第 11 条第 3 款规定："任何涉及把少年犯安排到适当社区或其他部门观护的办法应征得少年、其父母或监护人的同意，但此种安排决定在执行前需经主管当局审查。"

号一般性意见——少年司法中的儿童权利》第 20 条所规定的内容。① 域外与国际层面的未成年人司法转处制度具有一系列鲜明的特征，对我国制度的完善与发展有所启发。

第一，未成年人司法转处制度与福利理念密不可分。未成年人司法转处制度的基本原理之一便是福利理念，该理念基于对未成年人最佳利益的考量，避免或减弱正式司法程序可能会对未成年人产生的消极影响，帮助未成年人解决导致犯罪的根源，并顺利回归社会。一方面，未成年人的福祉是相关权力主体决定适用未成年人司法转处制度的重要依据，如印度尼西亚的《少年司法法》规定，转处过程应当考虑到"未成年人的福利"，同时《北京规则》也规定"在考虑少年的案件时，应把其福祉看作为主导因素"。另一方面，被转处的未成年人的教育、矫治与帮助需要有较为完善的福利制度予以衔接。健全的福利制度能够为未成年人重归社会提供其所需的个人、家庭心理辅导与咨询、医疗康复等服务事项。

第二，重视并赋予警察一定的自由裁量权。加拿大、澳大利亚等国家十分重视警察在未成年人司法转处制度中的重要作用，例如昆士兰州 1992 年的《少年司法法案》推动了警察训诫成为处理绝大多数未成年人犯罪问题的最合适的方式。同时，这些国家通过未成年人的专门或一般法律赋予了警察一定的自由裁量权，如在加拿大，警察有权将未成年人转介到正式的法外处分计划中，也有权直接对未成年人进行训诫后释放。此外，警察有权参加一系列促成未成年人与被害人和解的会议。

第三，未成年人认罪并同意适用转处是前提条件。各国的未成年人司法转处制度立法均强调，适用转处的前提是未成年当事人认罪并同意适用转处。未成年人司法转处的对象是若不适用转处则应当进入司法程序的未成年人，即实施了犯罪行为的未成年人，要求未成年人认罪这一要件是为了弥补未经审判程序便认定有罪的缺陷。此外，未成年人司法转处的适用相当于对正式司法程序的放弃，因此应当征得未成年人的同意。

第四，社会调查是未成年人司法转处制度的保障。未成年人司法转处的

---

① "缔约国应在适当和可取时，寻求对被指称、控告或确认触犯刑法的儿童采取不诉诸司法审判的措施。鉴于大部分少年犯仅犯有轻微罪行，一系列涉及消除刑事/未成年人司法审判，提交其他代替性（社会）服务法之类的（转化）措施，应成为可处置大部分案件的稳固方式。"

适用不仅应当考虑到未成年人实施的犯罪行为，也应当考虑到未成年人适用转处的需求，尤其是后者要求对未成年人的性格特征、成长环境、家庭背景、教育水平等予以充分了解，故社会调查是未成年人司法转处制度必不可少的环节。社会调查报告既是对未成年人作出是否转处决定的主要参考，也是适时调整处遇方案的重要依据。

未成年人司法转处的理念与实践向制度演进的过程中，制度因性质不同，会呈现出较为标准化、程式化和规范化的特征。域外国家的未成年人司法转处制度提供了极具各国司法特色且发展程度不一的参考，国际司法准则中的相关规定则是联合国针对未成年人司法转处制度向缔约国提出的基本要求与殷切期望。因此，基于对域外典型国家的未成年人司法转处制度的观察，以及对国际准则中未成年人司法转处制度的归纳，可以在理论上概括出未成年人司法转处制度应当遵循的基本原则，并对其基本内容予以建构与描述。

二、未成年人司法转处制度应遵循的基本原则

（一）未成年人及其罪行与处遇相统一原则

针对已实施犯罪行为的未成年人，可能对其启动正式的起诉与审判程序，也可能将其转出正式的司法程序予以司法外的处遇，故未成年人司法转处制度是未成年人司法处遇制度的重要组成部分。在对成年人进行司法处遇时，应当遵循罪刑相适应的原则，即刑罚的性质和强度要与犯罪的性质和严重程度相称，衡量犯罪轻重的尺度是犯罪的性质及其对社会的危害。罪刑相适应原则强调确立罪与刑之间的一种等价、适应、相当、均衡的关系，[1] 公正是其基本价值取向。然而，由于未成年人身心特殊性以及司法对其可能造成的重大影响，与成年人的司法处遇制度相较，对未成年人的司法处遇应当更为审慎。未成年人司法转处制度作为未成年人司法的核心制度，应当遵循未成年人及其罪行与处遇相统一的原则。

未成年人及其罪行与处遇相统一原则的基本内涵包括，第一，针对未成年人作出的转处决定和适用的具体方案应当与未成年人自身的情况和其所实

---

① 张军：《刑法基本原则适用》，中国人民公安大学出版社 2012 年版，第 124 – 125 页。

施的行为相称。未成年人所实施的犯罪行为的严重程度会影响对其是否适用转处以及具体方案的决定，但未成年人的个体情况是更重要的考量因素。未成年人的品格、经历、身心状况、家庭背景、社会环境、教育程度以及其他情况是转处能否解决未成年人犯罪问题并预防再犯的关键。对未成年人是否予以转处，以及适用何种处分，既应当与解决未成年人犯罪根源和防止再犯的需要相适应，也应当与罪刑的严重程度相适应。第二，适用转处时对未成年人自身情况的考量应当优先于对其罪刑的考量。未成年人实施犯罪行为后，如果其个人情况足以表明转处为最佳处遇方式时，则应当对该未成年人适用转处。第三，在动态层面，转处应当与未成年人的情况相一致，可以根据未成年人的需要或表现适时调整。可以针对之前处于正式司法程序中的未成年人予以转处，也可以将之前适用转处的未成年人转入正式的司法程序，同时，根据未成年人需求或表现的变化，可以改变适用的具体方案。

（二）程序法定原则

针对未成年人正式的司法处遇已有明确的法律规定，对未成年人司法转处制度的适用也应当由法律所规定。程序法定原则是未成年人司法转处制度的重要原则，其基本要求包括：第一，未成年人司法转处的适用主体的职权及程序等均应当由立法机关作出明确规定。具体而言，立法内容应当包括成年人司法转处的适用主体的职权及程序，以及适用对象的权利义务等基本问题，并且法律规定应当严谨且周延，立法内容应当公开。第二，未成年人司法转处的适用主体必须严格遵守和执行法律规定的程序。转处的适用主体只有经由法律的明确授权才能针对未成年人适用转处，并且在适用过程中应当严格按照法定的条件和程序。第三，未成年人司法转处的适用对象的权利和义务等应当由法律明确规定。适用对象依法行使其权利，并应当履行法律规定的义务。第四，为保证程序得到严格遵守，应当建立相应的监督机制。未成年人司法转处制度的有效运行需要建立有效的监督与制约机制，应当在尊重司法传统与规律的前提下由法律予以明确规定。

程序法定原则是未成年人司法转处制度发展的必然要求。在制度形成之前，未成年人司法转处虽具有灵活性与创新性，但规范性、稳定性与合法性的缺乏是其不可忽视的弊端。在未成年人司法转处实践走向制度的过程中，其适用逐渐呈现出规范与稳定的特征，未成年人司法转处制度形成的标志，即将相关程序固化到法律中。程序法定原则是未成年人司法转处适用主体职权得以规范化的保障。若无法律明确规定，则导致适用主体的职权范围不清，边界不明，在对未成年人决定是否转处以及适用何种处遇方案时，适用主体可能出现滥用职权的问题。程序法定原则是保障未成年人权益的需要。一方面，程序法定原则要求转处的适用主体严格遵守法律规定的程序，以避免在过程中剥夺或限制法律所预先规定的未成年人的权利；另一方面，程序法定原则可以保证未成年人受到公正的待遇，也可以保障其有效行使自己的权利、维护自己的利益。

☕ 三、未成年人司法转处制度应涵盖的基本内容

法律制度，乃是围绕着一个独立的中心（或核心）法范畴而形成、以法律规范为基础而由多种法的成分和要素相互联结和有机组合，并贯穿于所有法律部门而存在的独立的法律实体装置。[①] 未成年人司法转处制度亦有其内在的规定性，通过对其基本内容进行系统的建构和分析，能够将该问题域内的各种现象加以整理归类，进而为制度的系统构建和实践提供认识的基础和前提。

未成年人司法转处制度的基本内容包括：一是未成年人司法转处的依据。未成年人司法转处的依据是该制度的重要内容，也是判断该制度发展程度的重要指标。未成年人司法转处的依据是较为抽象的概念，是在未成年人最大利益与社会安全保障、惩罚与预防犯罪等价值之间的取舍。二是未成年人司法转处的适用主体与阶段。未成年人司法转处的适用主体是该制度的重要主体之一。从域外国家的未成年人司法转处制度的建制来看，法律对转处的适用主体作出了明确规定，赋予警察、检察官、法官相应的职权。在未成年人司法转处适用主体确定的同时，可对未成年人予以转处的诉讼阶段则不言自明。三是未成年人司法转处的适用对象。未成年人司法转处的适用对象是该制度的另一重要主体。未成年人司法转处制度的目的是使实施犯罪行为的未成年人承担相应责任，并帮助其顺利回归社会，预防其再次犯罪。未成年人司法转处适用对象的范围是对未成年人最大利益的重视与保障社会安全的需要之间博弈的结果，能够较直接地体现该制度的价值取向。四是未成年人司法转处的适用条件。未成年人司法转处的适用条件一方面是指积极条

---

① 姚建宗：《法律制度构造论》，载《吉林大学社会科学学报》1996 年第 5 期。

件，即针对未成年人适用转处应当满足的条件，另一方面是指消极条件，即何种条件下不得对该未成年人适用转处。适用条件不仅包括决定是否对未成年人予以转处的条件，也包括对其适用何种处遇方案的条件。五是未成年人司法转处的程序。未成年人司法转处的程序对于证成转处制度的正当性具有重要意义。该程序应当包括对未成年人决定适用转处的程序、转处实施的程序、转处完成或未完成后的程序以及是否记录犯罪记录的程序等。六是未成年人司法转处的处遇方案。未成年人司法转处的处遇方案是指代替处于正式司法体系中的未成年人所受到的处罚的具体措施。针对被转处的未成年人所实施的处遇方案的设定标准有两个，其一是使得未成年人认识到实施的犯罪行为的违法性与危害性，要求未成年人承担相应的责任；其二是帮助解决导致未成年人违法犯罪的根本原因，并引导未成年人顺利回归社会，预防再犯。

第五章　中国未成年人司法转处的构建

在我国，未成年人司法转处理念与未成年人司法的特色原则融会贯通，未成年人司法转处实践在不断丰富与深化，而相关制度则处于起步阶段。未成年人司法转处制度是未成年人司法转处理念发展与实践经验得以固定化的产物。在对域外未成年人司法转处的理念之维、实践之维与制度之维进行描述、总结、反思及借鉴的基础上，本章将聚焦中国未成年人司法转处的建构，梳理具有中国特色的理念、实践与制度的现状与问题，明晰当前面临的挑战与机遇，对比分析未来发展方向的两条路径，从而明确我国未成年人司法转处制度构建的具体安排。

第一节　中国未成年人司法转处的现状

我国未成年人司法起步晚且发展缓慢，因此未成年人司法转处在我国的发展特点表现为理念、实践与制度共同演进，尤其是后两者有时难以严格区分或剥离。为了阐明我国未成年人司法转处的理念、实践与制度的现状，本节尽可能地对三者进行相对独立的描述。

一、理念现状：契合于未成年人司法基本原则

目前，我国已经建立未成年人司法制度，然而正处于发展的基础阶段，即并未建立独立的未成年人司法，其对刑事司法的依附性依然显著。就我国的未成年人司法而言，未成年人司法转处理念尚未占据核心地位，但孕育未成年人司法制度的土壤中蕴含着与未成年人司法转处理念相关联的理念与原则，未成年人司法转处理念也通过具体的组织建设等形式体现出来。

　　随着我国未成年人司法的进步以及理论与实践的发展，其基本原则已初步确立。虽然未成年人司法转处理念并未成为我国公认的主导理念，但我国未成年人司法的基本原则已经体现了未成年人司法转处理念的精神，两者存在共通与某种程度上的契合之处。针对未成年人司法的基本原则，学术界并未完全形成统一意见。有的学者认为现代未成年人司法制度主要包括双向保护原则、刑罚个别化原则和最大利益原则（儿童优先原则）三项原则。[1] 有的学者提出我国现行未成年人司法制度确立了四大原则，包括保护少年和保护社会有机结合原则，教育为主、惩罚为辅原则，预防为主、减少司法干预原则，共同参与、综合治理原则。[2] 有的学者就未成年人刑事司法的基本原则提出观点，认为包括双向保护原则，预防为主、减少司法干预原则，教育为主、惩罚为辅原则，迅速简约原则，全面调查原则，分案处理原则等六项原则。[3] 也有学者提出中国未成年人司法应当确立优先保护原则、教育挽救原则、区别对待原则（处遇个别化原则）、方便快捷原则四项原则。[4]

　　法学理论一般认为，衡量一个原则是否可以称为未成年人司法制度的基本原则，其标准可以简单概括为两点：一是其效力是否具有贯穿始终性；二是其内容是否具有根本性。前者是形式上的标准，后者则属于实质上的标准。[5] 根据我国未成年人司法的历史传统与发展过程，我国未成年人司法的基本原则可以包括如下几项。

（一）最受广泛认可：教育为主、惩罚为辅原则[6]

　　教育为主、惩罚为辅的原则是我国有关未成年人的法律中规定得最明

---

　　① 张美英：《论现代少年司法制度——以中、德、日少年司法为视角》，载《青少年犯罪问题》2006 年第 5 期。

　　② 姚建龙：《长大成人：少年司法制度的建构》，中国人民公安大学出版社 2003 年版，第 48 - 55 页。

　　③ 贾宇、舒洪水、王东明：《未成年人犯罪的刑事司法制度研究》，知识产权出版社 2015 年版，第 34 - 42 页。

　　④ 狄小华：《中国特色少年司法制度研究》，北京大学出版社 2017 年版，第 176 - 179 页。

　　⑤ 丁寰翔、刘友水：《未成年人司法制度的构建与实践——以尤溪法院为主要视点》，中国民主法制出版社 2012 年版，第 115 页。

　　⑥ 丁寰翔、刘友水：《未成年人司法制度的构建与实践——以尤溪法院为主要视点》，中国民主法制出版社 2012 年版，第 116 页。

确、出现的频次最多的一个原则。1991 年通过的《未成年人保护法》的司法保护部分首次提出，针对违法犯罪的未成年人，要坚持该原则。① 1999 年颁布的《预防未成年人犯罪法》也规定对犯罪的未成年人追究刑事责任，坚持教育为主、惩罚为辅的原则。最高人民法院于 1995 年、2001 年以及 2006 年发布的有关办理未成年人刑事案件的规范性文件中，均明确提出应当坚持或贯彻教育为主、惩罚为辅的原则。2007 年最高人民检察院在公布的《关于在检察工作中贯彻宽严相济刑事司法政策的若干意见》中，也指出办理未成年人案件要坚持该原则。直至 2012 年修改《刑事诉讼法》，设立未成年人诉讼程序专章，教育为主、惩罚为辅的原则才正式写入我国的程序法中。

教育为主、惩罚为辅的原则是根据未成年人的身心特点以及违法犯罪行为特征而确立的一项未成年人司法原则。该原则的内涵包括：第一，教育为主，要求司法机关在办理未成年人违法犯罪的案件时，要充分考虑到未成年人特殊的身心状况、品格、成长经历、家庭情形、社会环境、教育程度等情况，对未成年人进行针对性的教育。而教育实则包含"教"和"育"两个方面，根据许慎《说文解字》的解释，"教，上所施，下所效也""育，养子使作善也。"对违法犯罪的未成年人进行教育，不仅要以温和的方式教其改正，而且要尽可能提供帮助育其成长。同时，针对未成年人的违法犯罪行为，教育是主导原则，即对未成年人首先进行教育，并且教育是主导理念和方式。第二，惩罚为辅，未成年人实施违法犯罪行为必然侵害相关法益，应当予以惩罚。应对未成年人的违法犯罪行为仅依靠教育无法解决该问题，惩罚也是必要的。然而，惩罚并非目的，而是手段，并且是辅助手段，辅助教育功能和目的的实现。惩罚的目的是让未成年人认识到所实施的违法犯罪行为的危害性，并为自己的行为承担责任。第三，教育与惩罚共同发挥作用，主要表现在两方面，一是针对实施了违法犯罪行为的未成年人同时施以教育与惩罚，教育占主导地位；二是就实施了违法犯罪行为的所有未成年人而言，针对情节轻微的未成年人进行教育，针对情节严重的未成年人予以惩罚。教育为主、惩罚为辅的原则也蕴含着寓教于罚的精神，要求司法机关优先采取教育方案，惩罚为必要时的措施。同时，教育为主、惩罚为辅的原则

① 该法第 38 条规定："对违法犯罪的未成年人，实行教育、感化、挽救的方针，坚持教育为主、惩罚为辅的原则。"

并非仅适用于某个阶段，而是贯穿了从侦查、起诉、审判到执行的整个未成年人司法的全程。公安机关、检察机关、审判机关和司法行政机关均应当坚持教育为主、惩罚为辅的原则。

我国未成年人司法确立的教育为主、惩罚为辅的原则具有科学性、适宜性和有效性。[①] 未成年人的身心均处于发育期，不具备独立辨别是非的能力，自控能力较弱，易受外界不良影响。未成年人实施违法犯罪行为往往是因为受到家庭、社会等环境中不良因素的影响，故未成年人司法更应当关注未成年人本身。教育为主、惩罚为主的原则强调的正是对未成年人的教育，对违法犯罪行为的惩罚，因而该原则具有科学性。未成年人由于正处于学习、积累和吸收外界信息的阶段，可塑性比较大，虽然容易受到消极影响，但也较易感化和挽救。同时，如果违法犯罪的未成年人系初犯、偶犯或犯罪情节轻微，主观恶性不大的，教育可以发挥挽救未成年人的作用。针对违法犯罪未成年人的品性、成长环境、情节轻重，需要对其施以不同的教育和惩罚措施。教育为主、惩罚为辅的原则主张教育与惩罚共同发挥作用，教育与惩罚的比例可根据不同的未成年人进行调整，直至实现对未成年人的挽救目标。因此教育为主、惩罚为辅的原则具有有效性。

在我国未成年人司法领域中，教育为主、惩罚为辅的原则是最具特色、也最广为认可的原则之一，其与未成年人司法转处理念存在诸多契合之处。具体而言，一方面，未成年人司法转处理念关注正式司法体系的伤害性，故主张避免或减弱司法化处理的消极影响。虽然教育为主、惩罚为辅的原则在我国的适用背景是尚未独立的未成年人司法领域，但是可以从中抽取所蕴含的精神。该原则强调教育占主导作用，而惩罚居于辅助地位。惩罚意指运用具体刑罚处理未成年人的违法犯罪行为，具有浓厚的司法化的色彩。教育则强调弱化或柔化司法程序的严厉性，主张采用温和的、未成年人容易接受的方式处理违法犯罪行为。未成年人司法转处理念与教育为主、惩罚为辅的原则均关注到应当避免或弱化可能会对未成年人造成负面影响的司法程序以及刑事惩罚，采用更加关注未成年人身心特点与发展需要的措施。另一方面，未成年人司法转处理念重视责任承担的必然性，未成年人应当对实施的违法犯罪行为负责，教育为主、惩罚为辅的原则也并不是指减轻或免除未成年人

---

① 徐建：《青少年法学新视野：近 20 年华政青少年犯罪研究成果（下）》，中国人民公安大学出版社 2005 年版，第 562 页。

所应承担的责任。教育与惩罚的目的均是让未成年人认识到所实施的行为的危害性，教育往往会与监督令、社区服务等内容相结合，使未成年人通过非刑罚化的方式承担责任。

（二）最符合现实需要：双向保护原则

双向保护原则也是未成年人司法制度中的重要原则之一，有的学者甚至认为其是首要原则，[①] 更有学者将该原则评价为"少年司法制度的第二次飞跃"。[②] 双向保护原则是指在针对违法犯罪的未成年人进行的司法活动中，一方面要对未成年人进行教育、保护和挽救，另一方面要维护社会稳定的秩序，保护社会公众利益。[③]

双向保护原则是 20 世纪 80 年代联合国第六次预防犯罪和罪犯待遇大会决定制定《北京规则》时，由我国和其他国家的专家学者提出的，历经多次研讨修改。1984 年，联合国第七次预防犯罪和罪犯待遇大会国际专家"青年、犯罪与司法"预备会议在北京召开，通过该原则的最后草案文本，于 1985 年在米兰召开的联合国第七次预防犯罪和罪犯待遇正式大会上讨论通过。《北京规则》总则基本观点第 1.4 条[④]中明确规定了这一原则，第三部分"审判和处理"一章在审判和处理的指导原则中再一次强调该原则，第 17.1 条[⑤]规定的"说明"指出，"根据每个案件情况做出反应，或者基于保护整个社会做出反应"是未成年人司法面临的冲突与难题。

在同时面对犯罪主体与社会安全时，我国刑事司法做出了明确的选择，即惩罚犯罪，保障国家安全和社会公共安全。未成年人司法制度因其处遇对象是未成年人而成为一项特别的制度。同时，未成年人违法犯罪行为对社会造成的威胁与侵害也不容忽视。对未成年人违法犯罪行为的过度宽容与保护

---

① 姚建龙：《长大成人：少年司法制度的建构》，中国人民公安大学出版社 2003 年版，第 49 页。

② 中国犯罪学研究会未成年人法制教育专业委员会组织：《预防未成年人犯罪与法制教育全书》，西苑出版社 1999 年版，第 728 页。

③ 何斐明：《北京规则与修订刑法的完善》，载《检察应用理论与实务研究文丛（一）》。

④ "少年司法应视为是在对所有少年实行社会正义的全面范围内的各国发展进程的一个组成部分，同时还应视为有助于保护青少年和维护社会的安宁秩序。"

⑤ "采取的反应不仅应当与犯罪的情况和严重性相称，而且应当与少年的情况和需要以及社会的需要相称。"

会造成社会公众的不满，过于保护社会安全则导致未成年人的权益受到损害。因此，未成年人司法既要保护社会也要保护未成年人，并且对二者的保护应当保持一个稳定的平衡状态，但是如何在实践中真正做到这一点则是一个巨大的挑战。① 双向保护原则是未成年人司法的特色原则之一，同时也是未成年人司法亟须应对的现实命题。

实际上，我国未成年人司法坚持双向保护原则具有天然的优势。我国尚未构建独立的未成年人司法，其对刑事司法的依赖性较强，因此我国未成年人司法依然体现出部分具有刑事司法属性的特征，同时，有关未成年人特有的理念与相关实践迅速发展且态势良好。也可以说，我国的未成年人司法制度具有刑事司法与未成年人司法的双重属性。其中的刑事司法属性更关注保护社会，而未成年人司法属性更强调保护未成年人，故存在实现社会与未成年人双向保护的可能性。另外，我国近年来的立法与实践也重视保护未成年人与保护社会的有机统一。《未成年人保护法》《预防未成年人犯罪法》以及《刑事诉讼法》等法律的精神内涵与具体措施均体现对双向保护原则的坚持。针对未成年人的违法犯罪行为，一方面要查清犯罪事实，关注行为造成的损害，并采取相应的措施对未成年人进行处遇，保护被害人的利益与社会的安全；另一方面应当了解未成年人的品性、家庭条件、成长环境等背景因素，分析违法犯罪的原因，保障其在司法程序中应当享有的权利，真正保护未成年人的利益。

双向保护原则的精神与未成年人司法转处理念存在共同之处。未成年人司法转处理念既要求重视正式司法程序给未成年人带来的负面影响，又要求未成年人承担责任。前者是从保护未成年人的角度出发，认为应当避免或减轻司法体系对未成年人造成的不良影响。后者是从保护社会的角度出发，要求未成年人认识到自己行为的危害性以及承担责任的必然性，预防未成年人再犯。因此，未成年人司法转处理念也可以具化为双向保护原则。此外，未成年人司法转处理念强调违法犯罪的未成年人顺利回归社会的必要性，双向保护原则要求既保护未成年人又保护社会，保证未成年人顺利回归社会是实现双保护的有效方案。实践中，未成年人保护与社会保护其实并不存在本质上的冲突，通过教育等手段进行处遇更有助于未成年人回归社会，而顺利再社会化的未成年人比被贴上违法犯罪标签的未成年人更有助于社会安定。因

---

① 储槐植：《刑事一体化与关系刑法论》，北京大学出版社 1997 年版，第 53 页。

此，保护未成年人的同时，保护社会的目的也能够实现。我国对未成年人实行教育、感化、挽救的方针，坚持教育为主、惩罚为辅的原则，对违法犯罪的未成年人并非一味惩罚，而是通过教育矫正的方式帮助未成年人回归社会，成为对社会有贡献的人，这符合未成年人司法转处的精神。

（三）最具未来价值：预防为主、尽量减少司法干预原则

未成年人司法制度不仅需要应对未成年人违法犯罪问题，预防此类问题也是该制度的重要任务。如果未成年人的违法犯罪问题能够得到有效预防，未成年人司法制度则无须被启动，因此重视未成年人违法犯罪的预防问题能够有效减少司法干预。同时，在未成年人司法制度中，也应当坚持尽量减少司法干预的原则。预防为主、尽量减少司法干预原则是我国未成年人司法领域一项具有前瞻性以及未来价值的重要原则。

未成年人违法犯罪问题是其自身特征与社会环境综合作用的结果。从主观上讲，未成年人处于身体青春期，生理上不成熟，心理上不稳定，容易受到偶发、突发因素的影响诱发违法犯罪。客观上，未成年人违法犯罪受教育问题如家庭教育的缺陷、学校教育的偏差的影响和不良社会环境的影响。引起未成年人犯罪因素的多样性、复杂性特点，决定了预防未成年人犯罪必然是一项系统工程。

司法干预应发挥其在预防未成年人违法犯罪中的作用，应成为保护未成年人健康成长、预防未成年人犯罪以及挽救犯罪的未成年人整体统筹规划的重要步骤之一。司法干预应把握住"度"，不能不受限制地加以扩张，否则会适得其反，不利于未成年人的健康成长。在西方国家，未成年人司法制度的功能被过度扩大，许多非常轻微的违反社会规范的行为都被纳入司法程序来解决。实践证明，这种将控制和减少未成年人违法犯罪的希望完全寄托在未成年人司法制度上的想法是不切实际的，无限制地干预不仅大大增加了司法机关的工作负担，而且还因为过早地对未成年人造成不良影响，为其顺利回归社会造成阻碍。所以，应该减少对未成年人的司法干预，对此，《北京规则》还在内容上作了具体规定，主要有：一是在处理少年犯时尽可能不提交法院正式审判，而授权警察、检察机关或其他机构依照一定的原则自行决定处置，无须正式审讯。二是充分调动社会资源，尽力提供各种社会方案，诸如短期监督和指导、对受害者的赔偿和补偿等。

预防为主、尽量减少司法干预的思想已经成为国际社会治理未成年人犯

罪的共识，正如联合国《预防少年犯罪准则》（《利雅得准则》）第 1 条至第 5 条①的规定，《北京规则》在第一部分总则的基本观点②以及第 1 条的"说明"③ 中也指出减少司法干预的重要性。这些规定的主旨是要通过积极的未成年人社会政策所起的重要作用，尤其在预防未成年人违法犯罪方面的重要作用，来维护未成年人及其家庭的福利。同时在对未成年人进行司法干预时采取谦抑克制的态度，防止给未成年人造成任何不必要的不良影响或伤害，保障未成年人健康成长。

预防为主、尽量减少司法干预原则的内涵与未成年人司法转处理念最为相近。就未成年人违法犯罪问题而言，一方面，该原则重视预防的作用，关注司法干预可能对未成年人造成的不良影响，事前预防工作的有效性直接影响着进入司法程序的未成年人的数量，事后预防工作则以教育、感化、挽救为方针，采取对未成年人造成最小伤害的措施对未成年人进行处遇。另一方面，强调未成年人顺利回归社会的重要性，根据国际准则中有关尽量减少司法干预原则的要求，将部分未成年人从正式的司法程序中尽早转出，交由非司法性质的机构进行处遇，并提供未成年人回归社会以及预防再犯所需要的服务与帮助，这也正是未成年人司法转处所追求的目标。

🕐 二、实践现状：三种探索形式

社会与司法实践往往先行于立法与制度，20 世纪 90 年代，我国开始了

---

① "预防少年违法犯罪是社会预防犯罪的一个关键部分。""要成功地预防少年违法犯罪，就需要整个社会进行努力。""青少年应发挥积极作用，参与社会活动，而不应被看作仅仅是社会化的或控制的对象。""应认识到制定进步的预防少年违法犯罪政策以及系统研究和详细拟订措施的必要性和重要性。这些政策措施应避免对未造成严重损害其发展或危害他人行为的儿童给予定罪和处罚。"

② "会员国应尽力创造条件确保少年能在社会上过有意义的生活，并在其一生中最易沾染不良行为的时期使其成长和受教育的过程尽可能不受犯罪和不法行为的影响。应充分注意采取积极措施，这些措施涉及充分调动所有可能的资源，包括家庭、志愿人员及其他社区团体以及学校和其他社区机构，以便促进少年的幸福，减少根据法律进行干预的必要，并在他们触犯法律时对他们加以有效、公平及合乎人道的处理。"

③ "这些主要的基本观点涉及总的社会政策，旨在尽可能促进少年的幸福，从而尽量减少少年司法制度进行干预的必要。这样做也可减少任何干预可能带来的害处。"

未成年人司法转处的相关实践与探索。有的试点与实践因效益颇丰且发展态势良好而被以立法的形式予以确认，有的探索则因过于大胆或与现有法律框架存在相悖之处而日渐式微。然而，不论结果如何，之前的诸多探索与试点均通过积累经验与吸取教训，促进未成年人司法转处实践进一步发展与制度形成。我国未成年人司法转处实践在侦查阶段、审查起诉阶段与审判阶段皆有相应的探索，分别表现为缓处考察、暂缓起诉（附条件不起诉）以及暂缓判决三种形式。

（一）缓处考察

缓处考察是指在未成年人作出违法行为后，公安机关不立即作出处理决定，而是在一定期限内通过帮教挽救促使其改过自新，且其原有的违法材料也不转入个人档案。[①] 2003 年，上海南汇公安分局在调查研究的基础上，根据法律、法规，大胆实践，制定实施了对违法未成年人暂缓处罚的规范性文件，即《关于对未成年人违法犯罪行为实行缓处考察制度的试行办法》。

该办法适用对象是年满 16 周岁、未满 18 周岁的违法未成年人，对其实行缓处考察制度（限期为 3~6 月）。在缓处考察期有悔改自新表现的，予以解除缓处考察，按 1994 年《中华人民共和国治安管理处罚条例》第 16 条规定，予以从轻或免予处罚。对未满 14 周岁的未成年人违法的，通知监护人到场后予以训诫、教育并将情况通知户籍地派出所。凡属经教育不改、流窜作案、监护人或学校无监护、教育条件的，不得暂缓处理。"缓处考察"的适用范围进一步延伸，对于不足 14 周岁的未成年人，实行"不处考察"制度，而对于超过 18 周岁的青年，由于一时冲动或受他人的教唆违反治安管理处罚条例，是初犯、偶犯可予以治安处罚的，如果情节较轻，本人又有悔过表现，也可对其实施"缓处考察"。分局将这项工作纳入目标管理考核，至 2005 年，治安处罚执行青少年缓处考察的有 107 人。

---

① 钟勇、高维俭：《少年司法制度新探》，中国人民公安大学出版社 2011 年版，第 130 页。

表 2　缓处考察期限情况一览表①

2003 年缓处				2004 年缓处				2005 年缓处			
人数	其中			人数	其中			人数	其中		
	3 个月	4 个月	5 个月		3 个月	4 个月	5 个月		3 个月	4 个月	5 个月
36	19	12	5	14	8	—	6	57	43	—	14
累计				50	27	12	11	107	70	12	25

　　针对未成年人违法的原因，公安机关在日常工作中，依托社区综合矫治工作网络，实行分类管理，摸索了一套比较完善的帮教机制。② 缓处考察对象须逐人建立由社区民警、青保办人员、学校教师、监护人及社区治保、司法部门的青少年事务工作站人员参加的帮教小组。在帮教期间，社区民警每周去未成年人住处进行走访，对未成年人进行法治教育，帮助其认识自己行为的法律意义与后果，监督其行为，帮助其树立重新开始生活的信心。青保办人员等每月查阅未成年人有关思想生活的书面汇报。派出所民警为缓处考察的未成年人建立档案卡，若未成年人在此期间遵守规定表现良好，违法的相关材料则不转入个人档案。考察期重新违法的仅 3 人，占总人数的0.028%。此外，自实行"缓处考察"以来，南汇区的未成年人违法犯罪人数逐年下降。2003 年比 2002 年下降25%，2004 年比 2003 年下降30%，2005 年比上年同期下降14.6%，特别是原来未成年人以侵犯财产权为主的违法犯罪势头得到有效控制。③ 由此可见，侦查阶段的缓处考察实践产生了诸多积极意义，一是预防未成年人犯罪与再次犯罪，二是对未成年人进行教育、感化和挽救，使未成年人避免正式司法程序的不良影响，三是对案件进行筛选过滤，节约了司法资源。

---

　　① 《南汇公安志》，载上海市地方志办公室官网2017 年5 月9 日，http：//www. shtong. gov. cn/Newsite/node2/n108239/n159993/n160043/n160045/u1ai211475. html。

　　② 上海公安年鉴编辑部编：《上海公安年鉴2004》，同济大学出版社2004 年版，第395 页。

　　③ 《上海试点青少年犯罪缓处考察 违法材料不进档案》，载中国新闻网2005 年4 月4 日，http：//www. chinanews. com/news/2005/2005 - 04 - 04/26/558505. shtml。

（二）暂缓起诉

暂缓起诉，是指检察机关对犯罪嫌疑人暂时不予起诉，并要求其在一定期限内履行一定义务，如果犯罪嫌疑人在规定期限内履行了规定的义务，检察机关就不再起诉，诉讼程序随之终止；如果犯罪嫌疑人在规定期限内不履行规定的义务，检察机关就对其进行起诉，请求法院追究其刑事责任。① 暂缓起诉起源于德日等国，是出于对刑事犯罪增多、诉讼经济的考虑。②

我国对暂缓起诉制度的探索可追溯到 1992 年。上海市长宁区人民检察院在当时针对一名涉嫌盗窃的十六岁未成年人设置了三个月的考察期，其间，由于未成年人表现良好，对其"免予起诉"。为避免争议，上海市长宁区检察院把暂缓起诉改称为"诉前考察"。此外，湖北省武汉市江岸区人民检察院以及河北省石家庄市长安区人民检察院也实践过暂缓起诉。同时，暂缓起诉的适用范围也从未成年人犯罪案件扩大到在校学生犯罪等案件，甚至单位犯罪案件等。③ 不过，暂缓起诉仍有争议。有学者肯定暂缓起诉的价值，即有助于诉讼资源的节约、被告人的教育和改造、犯罪的预防与减少等。④ 同时也有学者认为暂缓起诉违反诉讼的效益原则与司法最终裁决原则。然而，司法实践的需求是暂缓起诉持续探索、适用和发展的最大推动力。各地检察机关相继进行试点适用暂缓起诉，并取得了较好的社会效果与法律效果，得到了各界的认可。2012 年《刑事诉讼法》修改时，以立法的形式将附条件不起诉探索适用的经验进行了确认。然而，附条件不起诉的实践仍然面临较大的困难，主要表现为适用率普遍偏低。

---

① 毛建平、段明学：《暂缓起诉若干问题研究》，载《人民检察》2004 年第 6 期。
② 沈玉忠：《未成年人犯罪特别处遇研究》，中国长安出版社 2010 年版，第 245 页。
③ 石晓波：《公诉裁量权研究》，知识产权出版社 2013 年版，第 142 页。
④ 宋远升：《匈牙利新刑事诉讼法典及相关立法的反思与借鉴》，载《犯罪研究》2006 年第 1 期。

表3　2013年东北三省附条件不起诉适用率①

地区	A 省	B 省	C 省
审查未成年犯罪嫌疑人数	1209	1064	2049
起诉人数	1091	1043	1940
不起诉人数	118	21	109
附条件不起诉人数	24	17	55
附条件不起诉适用率/%	1.98	1.59	2.68

以北京市各检察机关为例，理论上符合附条件不起诉适用条件的未成年犯罪嫌疑人占40%左右，自2013年上半年结束，北京市检察院作附条件不起诉处理的未成年犯罪嫌疑人仅占上半年北京市未成年犯罪嫌疑人审查起诉总人数的4%左右。② 此外，有的基层检察院适用附条件不起诉的案件绝对数量少、适用率低，且有持续走低趋势。③

表4　2012－2015年 C 市 B 区检察院附条件不起诉案件情况表

年份	不起诉人数	附条件不起诉人数	附条件不起诉比率
2012	11	4	36.36%
2013	18	4	22.22%
2014	10	2	20%
2015	8	1	12.5%

（三）暂缓判决

暂缓判决是指少年法庭在刑事诉讼活动中，对已构成犯罪并符合一定条件的未成年被告人，先暂不判处刑罚，而由法院设置一定的考察期，让被告人回到社会上继续就业或就学，对其进行帮教考察，待考察期满后，再根据

---

① 谢登科：《困境与出路：附条件不起诉适用实证分析》，载《北京理工大学学报（社会科学版）》2015年第4期。

② 程晓璐：《附条件不起诉制度的适用》，载《国家检察官学院学报》2013年第6期。

③ 王东海：《附条件不起诉的适用难题与破解之道》，载《青少年犯罪问题》2016年第3期。

原犯罪事实和情节，结合未成年被告人在考察期的表现予以判决的一种探索性审判方法。[①] 具有现代意义的暂缓判决制度发端于英国，发展于美国。而我国暂缓判决的渊源至少可以追溯到明代的"秋审"制度中的"缓决"的做法。[②]

我国对暂缓判决的探索始于 1992 年 3 月江苏省南京市鼓楼区人民法院试行的"观护帮教、定期宣判"。上海市长宁区人民法院是我国最早试用暂缓判决的试点法院，1993 年 12 月首次适用暂缓判决，1995 年，该院审判委员会讨论通过了《暂缓判决的若干规定》。自 2003 年开始，暂缓判决在全国基层人民法院予以适用与推广。[③] 司法实践表明，暂缓判决在教育、挽救未成年人以及预防再犯方面发挥着积极作用。然而这项大胆的探索与实践受到来自诸多方面的质疑，一是审判期限的限制使得考验期的设置存在问题，二是法律适用的统一性与公正性受到冲击，三是法官的自由裁量权扩张。[④] 因此，2005 年 5 月，最高人民法院在全国法院系统对该制度予以叫停。

三、制度现状：审前转处制度

我国的未成年人司法并未独立于刑事司法，针对实施了违法犯罪行为的未成年人进行处遇的依据仍是《刑法》《刑事诉讼法》以及相关的司法解释。同理，对我国未成年人司法转处制度现状的考察也无法脱离刑事司法的背景。目前我国未成年人司法转处制度主要为审前转处制度，集中在公安机关和检察机关两个阶段。

（一）适用范围与条件

未成年人司法转处制度的适用范围在侦查阶段和审查起诉阶段有所不

---

① 陈建明：《未成年被告人暂缓判决的实践与思考》，载《青少年犯罪问题》2002 年第 2 期。

② 姚建龙：《少年刑法与刑法变革》，中国人民公安大学出版社 2005 年版，第 264 - 265 页。

③ 如北京丰台法院、江西南昌市西湖区法院、广东番禺区法院、安徽合肥庐阳区法院、河南兰考法院、黑龙江大庆市让胡路区法院、重庆沙坪坝区法院、湖北黄冈市黄州区法院、江苏海安法院、泰兴法院、苏州平江区法院等。

④ 沈玉忠：《未成年人犯罪特别处遇研究》，中国长安出版社 2010 年版，第 294 页。

同，因为不同的阶段对案件事实的了解程度不同，也因为案件处的诉讼阶段
不同。

根据《刑事诉讼法》的规定，在侦查阶段，公安机关认为"犯罪事实
显著轻微，危害不大，不需要追究刑事责任"的未成年人案件，不予立案，
已经立案的应当撤销案件。因此，公安机关适用转处的案件应当符合三个条
件：一是犯罪事实显著轻微。"显著"，即非常明显之义，指不论由司法人员
还是由普通公众判断，犯罪事实与情节均十分轻微；二是不需要追究刑事责
任。追究刑事责任则意味着国家司法机制的启动与司法资源的消耗，是否决
定追究刑事责任是针对犯罪行为启动司法程序的必要性与国家司法成本投入
之间的权衡。

审查起诉阶段，检察院有权对违法犯罪的未成年人作出不起诉和附条
件不起诉的决定。根据 2018 年《刑事诉讼法》以及 2013 年《人民检察院
办理未成年人刑事案件的规定》，① 检察院有权作出不起诉决定的案件应当
同时符合以下条件：一是未成年人实施的是轻伤害案件、初次犯罪、过失
犯罪、犯罪未遂的案件以及被诱骗或者被教唆实施的犯罪案件等，情节轻
微；前述案件是犯罪危害很轻或未造成犯罪后果的案件以及主观恶性不大
或初次犯罪的案件，并且犯罪情节轻微。二是未成年人确有悔罪表现，即
认识到自己行为的违法性以及造成的伤害。三是双方当事人自愿就民事赔
偿达成协议并切实履行，或者经被害人同意并提供有效担保。该项包含两
种情况，一种情况是未成年犯罪嫌疑人的法定监护人和受害者一方就民事
赔偿达成协议并且已经部分或全部履行，另一种情况是受害者同意对未成
年人作出不起诉决定，同时未成年人一方提出担保以保证受害者的损害得
到赔偿。

检察院也有权作出附条件不起诉的决定，适用此项转处的案件应当符合
以下条件：一是未成年人实施的犯罪行为涉嫌侵犯公民人身权利、民主权
利，侵犯财产权，或妨害社会管理秩序，均非侵害国家安全和社会安宁的严

---

① 第 27 条规定："对于未成年人实施的轻伤害案件、初次犯罪、过失犯罪、犯罪
未遂的案件以及被诱骗或者被教唆实施的犯罪案件等，情节轻微，犯罪嫌疑人确有悔
罪表现，当事人双方自愿就民事赔偿达成协议并切实履行或者经被害人同意并提供有
效担保，符合刑法第三十七条规定的，人民检察院可以依照刑事诉讼法第一百七十三
条第二款的规定作出不起诉决定，并可以根据案件的不同情况，予以训诫或者责令具
结悔过、赔礼道歉、赔偿损失，或者由主管部门予以行政处罚。"

重犯罪。二是根据未成年人实施的犯罪行为的具体事实和情节，可能被判处一年有期徒刑以下刑罚。因为案件处于审查起诉阶段，该项条件由检察机关的司法工作人员根据具体犯罪事实、情节以及办案经验予以判断，"可能被判处"并非严格的规定，检察院有一定的自由裁量权。"一年有期徒刑以下的刑罚"不仅包括一年以下的有期徒刑，也包括拘役和管制。三是案件犯罪事实清楚，证据确凿、充分，符合起诉条件。四是具有悔罪表现。转处是未成年人的"重生机会"，鉴于未成年人的特殊性，法律和制度为偶然踏上犯罪道路或犯罪情节和后果不严重的未成年人提供了第二次机会，获得第二次机会的前提是未成年人认识到其行为的违法性以及危害性并且主观上不愿再踏上犯罪道路。未成年人的悔罪表现不仅体现在主观认识和态度上，也表现在弥补过错的行动上。

（二）主体要素

我国对未成年人适用司法转处的主体主要是公安机关和检察机关，目前在审判阶段尚未建立对未成年人予以转处的制度。公安机关是我国政府的重要职能部门，是国家的行政机关，负责全国和地方的治安管理工作，同时又负责侦查刑事案件，故具有行政性与司法性双重属性。公安机关是违法犯罪的未成年人接触的第一个公权力机关，公安机关对未成年人的态度及处遇将可能影响其今后的人格发展和人生走向。因此，公安机关机构的专门化和工作人员的专业性对于未成年人案件的办理至关重要。

我国对此作出了一定要求，一是机构的专门化，1995 年《公安机关办理未成年人违法犯罪案件的规定》和 2012 年《公安机关办理刑事案件程序规定》均对此作出了明确的规定，即有条件的地方的公安机关应当设置专门机构，没有条件的地方的公安机关就由专人办理。二是办案人员的专业性，根据《刑事诉讼法》和公安部的相关规定，办理未成年人案件的工作人员首先应当熟悉未成年人的身心特殊性，了解其需求，理解其言行；其次应当"具有心理学、犯罪学、教育学等专业基本知识和有关法律知识"，[①] 能够更

---

① 《公安机关办理未成年人违法犯罪案件的规定》第 6 条规定："公安机关应当设置专门机构或者专职人员承办未成年人违法犯罪案件。办理未成年人违法犯罪案件的人员应当具有心理学、犯罪学、教育学等专业基本知识和有关法律知识，并具有一定的办案经验。"

好地与未成年人沟通并善于对其进行教育矫治；最后应当具有一定的办案经验，具有对未成年人进行处遇的经历。此外，在我国，刑事司法管辖的未成年人案件的性质和类型与成年人案件别无二致，进入公安机关立案侦查阶段的未成年人犯罪案件在该阶段较难获得转处的机会，因为公安机关的自由裁量权受到较为严格的限制。在立案前，针对未成年人的违法犯罪行为，公安机关则有较大的自由裁量权，有权对需要教育矫治但无须启动司法程序的未成年人进行处遇。

相较于公安机关，检察机关对未成年人适用转处的自由裁量权较大，换言之，检察机关是目前我国适用未成年人司法转处的关键主体。因此，法律对检察机关及其工作人员也提出了专门化与专业性的要求：一是检察机构的专门化，根据 2013 年《人民检察院办理未成年人刑事案件的规定》，省地级检察院和未成年人刑事案件量多的基层检察院要设立独立的专门机构，未成年人刑事案件量不大的地市级检察院可以指定一至两个基层院设立专门机构进行集中管辖，尚无成立独立专门机构条件的检察院，应当设立专门办案组或配备专门人员办理案件，同时还要求保证办案组或专人专门办理未成年人刑事案件的时间和精力，使其积累经验，研究未成年人司法规律，针对未成年人适用转处、教育矫治等措施。从法律制度来看，检察机关对机构专门化的要求就高于且细于公安机关，通过考察未成年人司法专门机构的建设实践，检察机关也强于公安机关。二是检察机关办案人员的专业化。首先，办案人员应当经过专门培训，了解有关未成年人的法律规定、司法、身心特点、情感沟通等各个方面的背景与知识，检察机关应当定期组织办案人员的培训；其次，办案人员应当熟悉未成年人的身心特点，能够从未成年人的福祉出发办理未成年人案件；最后，办案人员应当具有犯罪学、社会学、心理学、教育学等方面知识，未成年人违法犯罪行为产生的根源较为复杂，受到家庭环境、教育背景、社区等各方面因素的影响，因此办理未成年人案件需要运用各方面的知识发现未成年人犯罪的原因，并对症下药地适用相关的处遇措施与方案。

（三）程序要素

有关公安机关适用未成年人司法转处的程序的规定较少，对未成年人刑事案件是否不予立案或撤销，公安机关可以直接作出决定。《刑事诉讼法》

和《公安机关办理刑事案件程序规定》仅规定了控告人的救济权利和具体程序，[①] 而并未规定公安机关在针对未成年人犯罪行为作不予立案或撤销案件的决定过程中所涉及的相关权利和具体程序。

检察机关针对未成年人刑事案件，作出不起诉或附条件不起诉决定时的程序则较为详细和明确。检察机关作出不起诉决定，应当向被不起诉的未成年人及其法定代理人宣布，并阐明理由和法律依据。不起诉决定书应当送达公安机关、被害人或者其近亲属及其诉讼代理人。如果被害人或者其近亲属及其诉讼代理人对不起诉决定不服，有两种救济途径，一是自收到不起诉决定书后七日以内向上一级人民检察院申诉；二是不经申诉，直接向人民法院起诉。

检察机关对未成年人适用附条件不起诉的程序则更加直接和明确。首先，检察院作决定前应当听取公安机关、被害人或其法定代理人、未成年犯罪嫌疑人的法定代理人以及辩护人的意见。若前两类主体提出异议或案件争议较大，检察院可以举行不公开听证会以听取各方的具体意见，听证会的参加人员包括侦查人员、被害人或其法定代理人、诉讼代理人、未成年人及其法定代理人以及辩护人。同时，办案人员应当将适用附条件不起诉的意见报检察长或监察委员会决定。在审查起诉期限届满十五日前提出，并将确定好的考察期限、考察方式与案件审查报告和社会调查报告一并提交审查。其次，检察院在作出附条件不起诉的决定后，应当制作决定书，在十日内报上级检察院主管部门备案，在三日内将附条件不起诉决定书送交前述的相关主体，并规定了三类主体分别不服附条件不起诉时的不同救济程序。公安机关要求复议的，检察机关应当另行指定的检察人员对该复议进行审查并提出意见，报请检察长和监察委员会决定，检察院在收到复议的三十日内作出决定。被害人不服决定在收到决定书后的七日内申诉的，由作出决定的检察院的上一级检察院进行复查；在收到起诉书七日后提出申诉的，检察机关应当另行指定检察人员予以审查，报请检察长决定。未成年犯罪嫌疑人及其法定

---

① 公安机关通知控告人不立案的原因，控告人若不服该决定，可以在受到不予立案通知书后的七日内向作出决定的公安机关申请复议，公安机关应当在收到复议申请后七日以内作出决定，并书面通知控告人。控告人对不予立案的复议决定不服的，可以在收到复议决定书后七日以内向上一级公安机关申请复核；上一级公安机关应当在收到复核申请后七日以内作出决定。

代理人有异议的，检察院应当直接作出起诉的决定。最后，附条件不起诉具体的执行程序如下。未成年犯罪嫌疑人应当接受六个月至一年的考验，考验期限由检察人员根据未成年人的主观态度、社会危险性以及犯罪行为的性质和轻重等确定，并根据其在考验期的表现在法定期限内延长或缩短时间。未成年人应当遵守基本的纪律、报告义务并接受教育和矫治。检察人员应当对未成年人进行监督考察，也可以会同其他相关主体共同对未成年人定期考察和帮教，这些人员包括未成年人的监护人、所在学校、居民地的村（居）委会、未成年人保护组织等的有关人员。附条件不起诉的考验期届满，检察人员应当制作考察意见书，提出起诉或不起诉的意见，报检察长决定。检察院在审查起诉期间作出起诉或不起诉的决定。

检察机关对未成年人作出不起诉的决定和附条件不起诉考验期满不起诉的决定，在向未成年人及其法定代理人宣布不起诉决定书时，应当充分说明理由和法律依据，经未成年人同意可以邀请侦查人员、合适成年人、辩护人等主体共同参加对未成年人的教育工作。

（四）实体要素

公安机关具有行政和司法两重属性，公安机关针对需要教育矫治但无须进入司法程序的未成年人的处遇方案较为丰富。根据 1995 年《公安机关办理未成年人违法犯罪案件的规定》，[①] 公安机关可以对未成年人适用的处遇措施包括：一是专门教育，[②] 专门教育以其特殊性为存在严重不良行为的未成年人提供了矫治教育、继续学习和回归社会的有效路径，具有整合资源弥补家庭教育缺陷、因材施教弥补普通教育的缺陷、封闭管理提供特殊教育环境的功能。二是治安处罚，[③]《治安管理处罚法》规定的处罚行为主要有以下特征，第一，包括扰乱公共秩序，妨害公共安全，侵犯人身权利、财产权利，妨害社会管理这四类行为；第二，行为具有社会危害性；第三，行为的社会危害性尚不够刑事处罚；第四，处罚的决定和执行主体均是公安机关。

---

① 该《规定》于 1995 年发布，故包含劳动教养这一措施，然而 2013 年 12 月 28 日，十二届全国人大常委会第六次会议通过了《关于废止有关劳动教养法律规定的决定》，在我国存在 56 年的劳教制度退出历史舞台。

② 法律依据为 1987 年国务院办公厅转发国家教育委员会、公安部、共青团中央《关于办好工读学校几点意见的通知》，2020 年修订的《预防未成年人犯罪法》。

③ 法律依据为 2012 年修正的《治安管理处罚法》。

因此，未成年人的严重不良行为也均符合以上特征。针对未成年人的处罚种类包括警告、罚款和行政拘留。三是收容教养，收容教养制度是我国特有的制度，对未成年人严重违法行为者进行收容，集中教育管理。四是戒毒治疗，[1] 公安机关对涉嫌吸毒的未成年人进行检测，责令其接受社区戒毒以及定期检测。若未成年人存在拒绝接受社区戒毒或在戒毒期间吸食、注射毒品等情形，公关机关有权作出强制戒毒的决定。

检察机关对未成年犯罪嫌疑人作出不起诉决定的，可以根据未成年人和案件的具体情况，对未成年人进行训诫，责令未成年人具结悔过，向被害人赔礼道歉、赔偿损失，或者由主管部门进行行政处罚。针对被附条件不起诉的未成年人，检察机关的处遇方案主要包括积极型和消极型两大类，积极型处遇方案包括四项：接受戒网瘾、毒瘾等治疗、心理辅导或者其他适当的处遇措施；接受相关情绪管理、家庭关系、就学就业等方面的教育或培训；向受害者赔礼道歉、赔偿损失等；向社区或公益组织团体等提供公益劳动。消极型处遇的方案包括两项：限制其进入特定场所或与特定的人员会见或者通信，限制进行特定的活动；遵守其他保护受害者安全与预防再犯的禁止性规定。

（五）法律后果

根据我国刑事诉讼制度，公安机关针对未成年人的犯罪行为不予立案或撤销案件，则无须进一步启动司法程序，未成年人则不会继续进入刑事司法程序，同时也不会留下刑事犯罪记录。

检察机关对未成年人作出不起诉的决定后，司法程序则中断，未成年人案件则不会进入审判阶段，故也不会留下犯罪记录。适用附条件不起诉的法律后果则较为复杂，因为考察期届满后会存在起诉或不起诉两种可能性。如果未成年犯罪嫌疑人在考察期内实施新的犯罪、被发现附条件不起诉之前还有其他犯罪未被追诉、违反治安管理规定造成严重后果或多次违反，或者违反附条件不起诉的监督管理规定造成严重后果或多次违反，检察院应当撤销附条件不起诉的决定，提起公诉。如果未成年人遵守监督管理规定、接受教育矫治措施并完成，考验期满后，检察院应当作出不起诉的决定，未成年人案件无须进入下一诉讼阶段接受审判，法律后果与检察机关直接作出不起诉

---

[1] 法律依据为全国人大常委会 2007 年通过的《禁毒法》。

的未成年人案件相同。此外，附条件不起诉考验期满宣布不起诉决定后的六个月内，检察机关工作人员可以对未成年人进行回访以强化教育矫治的效果。

第二节　存在的问题

我国未成年人司法转处理念、实践与制度已有一定的发展，但值得注意的是其中存在诸多问题，只有了解现状及其问题，才能有的放矢地完成未成年人司法转处的中国建构。

一、理念中存在的问题

纵观我国未成年人司法发展的历程，可以发现未成年人司法转处理念若隐若现地穿插于其中。我国未成年人司法所蕴含的理念与未成年人司法转处理念互相融合与促进，虽然我国相关法律规定和实践做法能够体现未成年人司法转处理念的精神，但我国未成年人司法转处理念中仍存在一定问题。

一方面，未成年人司法转处理念并未受到足够重视。在我国未成年人司法中，深入人心的理念是"教育、感化和挽救"或者"教育为主、惩罚为辅"，虽然这些理念在一定程度上与未成年人司法转处理念存在共通之处，但理念所蕴含的重心则存在差别。"教育、感化和挽救"或者"教育为主、惩罚为辅"等理念聚焦于程序运作的微观层面，在未成年人司法仍然依附于刑事司法的我国，更多体现在少捕、少诉、少监禁等具体措施。未成年人司法转处理念应浸润于未成年人司法整体，发挥指导功能，广泛而深刻地影响着未成年人司法的方方面面。我国未成年人司法体制并未对未成年人司法转处理念给予足够的重视，司法机关的工作人员的专业化不足，对未成年人进行处遇时仍体现成年人司法的特征。

另一方面，对未成年人司法转处理念的认识不清。在实践中，未成年人司法转处理念被过于简单地理解为将未成年人从正式司法体系中转出且无须承担责任，故这一点往往成为"转处无用论"或"转处偏激论"的论据。减少未成年人受到正式司法体系的不良影响固然是未成年人司法转处理念的重要内容之一，但其具有更丰富的要求与内涵。未成年人司法转处理念不但并未帮助未成年人逃避责任，而且十分强调未成年人承担责任的必要性，即让未成年人通过合适合理的方式认识到自己的错误并承担责任。同时，未成年人司法转处理念强调未成年人顺利回归社会的必要性，与偏向于像处理成年人案件一样处理未成年人案件相比更具优势。

🌱 二、实践中存在的问题

客观层面上而言，我国各地基层公安、司法机关一直在探索与实践未成年人司法转处且有所发展，但我国未成年人司法转处实践并非一帆风顺，目前暴露出的问题值得深刻反思。

第一，我国未成年人司法转处实践存在一定困难。由于我国未成年人司法转处的意识较为薄弱，基层公安、司法机关的各项探索与实践并非完全出于对未成年人转处理念的重视，虽然确有一些与其产生相同影响或结果的考量。正如有些学者所指出的，暂缓起诉制度产生的直接动因正式来自于刑事犯罪增多导致的对诉讼经济的要求。[①] 同时，暂缓起诉也可以达到弱化社会矛盾、调整社会关系、恢复社会秩序的目的，从而实现犯罪控制的社会整体效益。这意味着实践产生的附带后果在一定程度上实现了未成年人司法转处的目标。然而，只有实践有意识地围绕未成年人司法转处开展时，其方案的具体设计、执行与总结才能够最大限度地帮助未成年人司法转处实践经验与教训的积累，从而促进实践的推广与制度的形成。

第二，我国未成年人司法转处实践起步晚，动力少且阻碍多。缓处考察、暂缓起诉与暂缓判决三项实践于 1992 年刚开始试点与探索。我国未成年人司法转处实践开始的时间与未成年人专门的公安、司法机关的成立与发展的时间密切相关，1986 年我国建立第一个少年法庭，随后未成年人专门侦查机关与审查起诉机关相继成立。事实上，我国未成年人司法转处实践整体推进较慢。

第三，我国未成年人司法转处实践应当注重与现实可能性和法律协调性的平衡。缓处考察在预防未成年人犯罪与再犯方面取得了显著的积极效果，然而由于对未成年人进行帮教和考察的工作量过大，日常事务本来就十分繁重的基层公安机关难以承担，故缓处考察较少适用。缓处考察、暂缓起诉与

---

① 张寒玉：《构建我国暂缓起诉制度的思考》，载《人民检察》2006 年第 17 期。

暂缓判决在实践之处均存在一定学理上的争议，针对暂缓判决的讨论与争议最显著并且与日俱增，其中对其最强烈的批判即其违反了法律的协调性与一致性。未成年人司法实践固然具有超前性与突破性，但试点与探索还应当考虑整体的司法环境与氛围，在两者之间取得平衡。

☯ 三、制度中存在的问题

通过对我国未成年人司法转处制度现状的系统梳理，可以推论我国正处于该制度发展的初级阶段，相较于理想状态下的未成年人司法转处制度，存在以下问题。

首先，转处制度的构建尚未得到重视。我国对未成年人违法犯罪案件进行司法处遇的法律依据是《刑事诉讼法》及相关的司法解释，即与成年人适用基本相同的刑事司法程序，如合适成年人、社会调查等特殊制度的适用成为区分未成年人司法与成年人司法的有限依据。我国未成年人司法领域的特殊做法或来源于实践探索或来源于域外借鉴，最终以专章形式写入 2012 年《刑事诉讼法》，附条件不起诉制度便是重要例证。我国地方检察院从 20 世纪 90 年代开始适用附条件不起诉的雏形，即"延缓起诉"或"诉前考察"，该实践取得良好的社会效果后被推广，其适用范围延伸到老年人、在校大学生等群体，直至 2012 年《刑事诉讼法》以立法形式确定仅对未成年人适用的附条件不起诉制度，成为未成年人司法的特殊制度之一，也是未成年人司法转处制度的重要内容之一。转处是未成年人司法制度的核心，转处制度的构建对于我国未成年人司法的独立与发展具有重要意义。目前我国未成年人司法尚处于发展的初级阶段，这与转处理念的缺乏和完善的转处制度缺位存在直接关系。未成年人司法转处制度的体系化构建应当以未成年人的最大福祉为立足点，在各个诉讼阶段调动公安机关和司法机关的积极性，对未成年人适用司法转处，使其免受司法程序的不良影响，解决导致未成年人犯罪和预防再犯的问题，帮助其尽快顺利回归社会。

其次，适用范围过窄且条件避重就轻。制度的适用范围既指案件范围也指适用对象的范围，我国未成年人司法转处制度的适用范围存在过窄的问题，可以适用转处的案件范围与对象均十分有限。在侦查阶段，公安机关针对未成年人适用转处的方案仅为不予立案或撤销案件，同时法律对适用这两项措施的案件范围作出了明确规定，即该案件应当同时符合"犯罪事实显著轻微"与"不需要追究刑事责任"两项条件。在审查起诉阶段,检察机关适用未成年人司法转处的方式包括不起诉与附条件不起诉两种,赋予检察机关的自由裁量权也大于公安机关。检察机关有权针对未成年人作出不起诉的决定,但并非任何案件均可以被不起诉,法律对适用未成年人司法转处的案件范围作出了犯罪性质、轻重及危害性、未成年人的悔罪态度、是否与受害者达成赔偿协议或经其同意三方面的明确规定。暂不论后两者,要求未成年人案件是"轻伤害案件、初次犯罪、过失犯罪、犯罪未遂的案件以及被诱骗或者被教唆实施的犯罪案件等,且情节轻微",这一限定便决定了检察机关适用未成年人司法转处的案件范围非常有限,仅能为轻微犯罪的未成年人提供转处的机会。同样,法律针对检察机关适用附条件不起诉的案件也提出了明确的要求,未成年人案件同时受到犯罪性质、可能判处的刑罚、符合起诉条件以及悔罪表现的限制。"可能被判处一年有期徒刑以下的刑罚"这一条件极大地缩小了适用附条件不起诉的案件范围。我国未成年人司法转处的适用范围保守,案件限制太多,能够适用转处的未成年人不多,转处也无法发挥其最大功效。

此外,适用未成年人司法转处的条件存在问题。由于公安机关适用的转处方案是不予立案和撤销案件,检察机关的不起诉决定也是对未成年人有利的处遇,故不在该问题的讨论范畴之内。检察机关针对未成年人适用附条件不起诉的条件除了包括客观的罪行等方面外,还包括未成年人要有悔罪表现或对受害者进行赔偿或取得受害者同意。然而,在审查起诉阶段对未成年人适用附条件不起诉的前提条件应当是未成年人承认自己的罪行,我国未成年人司法转处制度的适用条件缺少这一点。

再次,适用阶段与程序不够完善。国际司法准则要求在逮捕前、审判前和审判阶段对未成年人予以及时转处,鼓励采取广泛的替代和教育措施。我国未成年人司法转处仅停留在侦查阶段和审查起诉阶段,缺乏审判阶段对未成年人进行转处的制度。这一点与我国未成年人司法的理念、性质与地位有关。未成年人司法的核心是未成年人的最大福祉,以有利于未成年人为重要考量,然而我国尚未独立的未成年人司法仍遵循刑事司法的规律与规则,进入审判阶段的案件已经达到案件事实清楚、证据确实充分的程度,从司法的秩序性出发,审判阶段对未成年人进行转处的空间的确微乎其微,也就意味着我国目前未成年人的福祉是处于刑事司法程序规则中的。

最后,实体处遇方案缺乏体系性。针对被判处有罪的被告人的实体处遇，我国已经构建了刑罚体系。我国刑罚体系是按照有利于发挥刑罚的积极功能、实现刑罚的目的为指导原则，将各种刑种进行有序排列。我国的刑种是立法者在总结长期以来我国各种刑事立法规定的刑罚种类及实践经验的基础上选择确定的。根据刑法的规定，我国刑法中刑罚分为主刑和附加刑。除了死刑，我国未成年人与成年人适用刑罚的规则基本相同。在我国，公安机关或检察机关将未成年人从正式的司法体系中转出后，根据未成年人的具体情况和需要，应当对其进行适当的实体处遇。然而，我国目前的实体处遇存在构建不全、缺乏体系性等问题。针对未进入司法程序的违法未成年人，公安机关有权作出五种处遇决定，它们各不相同且存在诸多差异。这五种处遇方案的法律依据不同，法律的层级有法律也有部门规章，发布部门各不相同。检察机关的六项处遇方案虽然较为明确和具体，但不具有概括性，缺乏理论基础。由此可见，公安机关和检察机关适用转处后各自的实体处遇方案均缺乏逻辑性，且两个适用主体的实体处遇方案也不具有体系性。

同时，我国未成年人司法转处实体处遇的具体内容缺乏法定性。刑罚体系是由刑法明文规定的，罪刑法定原则是我国刑法的一项基本原则，它决定了刑罚体系必须由刑法明确规定。目前我国法律针对公安机关和检察院绝大多数的实体处遇方案，尤其是公安机关作出涉及限制未成年人人身自由的实体处遇并未规定适用期限、执行场所、监督管理等内容。

第三节　构建我国未成年人司法转处制度的机遇与挑战

未成年人司法转处理念是指导未成年人司法独立和发展的核心理念，未成年人司法转处制度是我国未成年人司法的核心制度，具有重要的价值与意义。一方面，未成年人司法转处制度符合我国未成年人司法实践的现实需要。未成年人司法实践中存在的问题要求未成年人司法转处制度的构建与完善。另一方面，未成年人司法转处制度的构建与完善有助于未成年人利益的保障。将部分未成年人从正式的司法程序转出，可以使其尽可能地免于遭受羁押措施、正式起诉、审判以及服刑程序带来的负面影响，同时避免刑事犯罪记录。此外，未成年人司法转处制度强调未成年人回归社会的重要性，故对未成年人并非"一转了之"，而是针对导致其犯罪的原因与预防再犯的需要提供相应的服务与帮助。正如兰德公司在 1996 年 6 月发表的题为《转移儿童的犯罪生活：成本与效益的考量》的研究报告所示，尝试去组织青少年实施违法行为的方案（例如，对经常胡作非为的孩子的父母进行培训，或者通过激励措施使青少年能够顺利完成学业等）从长远来看，比强制性的长期监禁初犯以及累犯来到达预防犯罪的效果要划算得多。[①] 毋庸置疑，未成年人司法转处制度的构建与完善能够促进我国未成年人司法制度的发展，进而推动未成年人司法的独立化进程。

我国未成年人司法转处制度的构建与完善势在必行，当前的司法实践与制度提供基础，域外相关司法实践与制度提供借鉴，国际司法准则相关规定提供指引。

✿ 一、法律规定

我国目前尚没有关于未成年人司法的专门立法，相关内容分散规定在《刑法》《刑事诉讼法》《未成年人保护法》《预防未成年人犯罪法》以及《治安管理处罚法》等法律法规中。转处在我国并非专门的法律术语，有关未成年人司法转处的内容则规定在《刑法》与《刑事诉讼法》中。

我国《刑法》并没有关于未成年人的专章，有关未成年人的规定作为某项制度的特殊情况穿插在以成年人为主体的条文中。2011 年发布的《刑法修正案（八）》明确规定了未成年犯适用缓刑的条件。[②] 此外，为避免对未成年人造成污名化影响，针对符合一定条件的未成年人，免除其前科报告义务。总体而言，有关未成年人司法的内容分散且相对缺乏相应视角与保护理念。直至 2020 年对《刑法》进行修正，其中第 17 条内容的变化是未成年人犯罪治理科学化的重要体现，亦体现了预防未成年人犯罪"教育和保护"相结合的理念，即针对"因不满十六周岁不予刑事处罚的"未成年人，将"由政府收容教养"修改为"依法进行专门矫治教育"。

《刑事诉讼法》2012 年修订，设立未成年人专章，未成年人司法有了一

---

① ［美］杰弗里·雷曼、保罗·莱顿：《富人更富 穷人进监狱——美国刑事司法制度的双重标准（第 10 版）》，孙伯阳、焦永霞译，华夏出版社 2015 年版，第 52 页。

② 《刑法修正案（八）》第 11 条将刑法第 72 条修改为：针对不满十八周岁的人，同时符合下列条件的，应当宣告缓刑："（一）犯罪情节较轻；（二）有悔罪表现；（三）没有再犯罪的危险；（四）宣告缓刑对所居住社区没有重大不良影响。"

定程度上的专门立法。该章共有十一个条文，规定了法律援助、社会调查、合适成年人等数项重要制度，其中作为未成年人司法转处制度重要组成部分的附条件不起诉制度占了三个条文，并且包括了适用条件、适用期限、监督考察等内容。2015 年最高人民检察院发布的《检察机关加强未成年人司法保护八项措施》也鼓励附条件不起诉制度的发展，"以最大限度教育挽救涉罪未成年人"。2017 年最高人民检察院发布《未成年人刑事检察工作指引（试行）》，进一步规范未成年人刑事司法制度。

我国有关未成年人司法转处制度或未成年人司法制度的法律规定内容较少且较为概括抽象，这是未成年人司法转处制度构建与完善面临的一大挑战。然而，从法律修订的经历与规律来看，相关法律规定的完善频率在不断提升，2020 年同时修订了《未成年人保护法》与《预防未成年人犯罪法》，进一步增强了这两部法律的适用性与可操作性，使其在保护未成年人的合法权益和预防犯罪方面充分发挥作用。因此，法律规定的丰富与完善又可谓未成年人司法转处制度发展的一大机遇。

⚘ 二、司法改革

从 20 世纪 90 年代开始，党的十六大做出了"推进司法体制改革"的战略决策，启动了第一轮司法改革，继而党的十七大进行了第二轮司法改革，2012 年从党的十八大开始了新一轮的司法改革。这轮司法改革是由中央直接领导的一次深入司法机制、体制层面的自上而下的改革，强调地区试点的逐步推进与改革模式的多元化，突出一系列改革措施实施遵循合法性原则。[①]司法制度的变革不仅涉及司法制度本身，而且涉及与整个司法制度运行相关联的制度的衔接，涉及支配司法制度变革的价值选择、政治偏好和政治立场的确立，还涉及支撑司法制度的理论主张和意识形态的取舍。[②]

这轮司法改革的内容包括三大部分，即司法管理体制的改革、完善司法机制运行的改革；司法改革的去行政化、去地方化与法官、检察官的员额制改革；完善司法机制运行的改革与完善人权的司法保障措施。由此可见，司法改革目标所针对的是成年人司法管理体制与司法机制，然而，新一轮司法改革的

---

① 陈卫东：《当前司法改革的特点与难点》，载《湖南社会科学》2012 年第 2 期。
② 杨建军：《司法改革的理论论争及其启迪》，载《法商研究》2015 年第 2 期。

内容及影响仍给未成年人司法转处制度的构建与完善带来新的挑战与机遇。

第一，司法官的员额制改革。各地法官、检察官经由一定的遴选机制"入额"，办案量的核定是重要指标之一。目前我国未成年人案件的办案考核指标仍与成年人案件相同，故对办理未成年人案件的法官、检察官进行办案量的考核秉持与办理成年人案件的工作人员相同的考核标准，故办理未成年人案件的法官、检察官入额形势不乐观。因此，员额制改革造成未成年人法官、检察官向其他办案部门的流动，这对未成年人司法体制的发展十分不利，专业司法工作人员的缺乏使得未成年人司法转处制度难以构建与发展。然而，有的地方以各部门为单位进行比例分配，办理未成年人案件的部门的入额率反而比其他部门高，如上海市检察院出现其他部门的人才向未检部门流动的现象。司法官的员额制改革在各地对办理未成年人案件的部门造成积极或消极的不均衡的影响。

第二，检察机关内设机构改革。在员额制改革实施推开后，全国检察机关的内设机构改革也开始全面进行。虽然各地的改革举措形成了"小院整合""三局一处一组""四局三室"以及"四局二部二室"等模式，[①] 但基本是以检察职能的重新划分为改革标准，正如一些学者提倡的应当在以检察职能为标准上平衡公权力的规范行使以及司法效能的提升。[②] 因此，在诸多地方的改革中，未成年人检察机构因案件量少或不属于检察职能之一而首先受到合并，独立的未成年人检察机构遭到削弱。然而，在北京等地区，未成年人检察机构则成立未成年人检察部，巩固独立机构。由于未成年人检察机关是我国目前适用未成年人司法转处制度的重要主体，因此未成年人检察独立机构的存废直接影响着未成年人司法转处制度的构建与发展。

第三，完善人权司法保障。在未成年人司法领域，人权司法保障的完善表现为未成年人权益保障的完善。完善未成年人权益保障的措施不仅包括完善刑事司法中程序权利与实体权利的保障，更重要的是以未成年人福祉为中心的保障措施。对于实施了轻微犯罪行为的未成年人，司法程序并非在任何时候均是处遇良方，因为即便是程序公正、权利保障机制完善的司法程序，

---

① 张和林、严然：《检察机关内设机构改革若干问题探究》，载《人民检察》2014年第6期。

② 汪建成、王一鸣：《检察职能与检察机关内设机构改革》，载《国家检察官学院学报》2015年第1期。

逮捕、监禁、审判程序、刑罚执行以及刑事犯罪记录等均会给未成年人带来严重的负面影响。我国的未成年人司法坚持教育为主、惩罚为辅的原则，教育应当是处理犯罪未成年人的主要方式，惩罚只是辅助方式更非目的。因此，保障未成年人权利最有力的措施是构建将未成年人从正式的司法程序中尽早转处或随时转处的机制，使得未成年人避免受到司法程序带来的不良影响，帮助其尽快顺利地重新融入社会。未成年人人权保障的呼吁有助于促进未成年人司法转处制度的构建与发展。

☯ 三、社会呼声

近年来，社会各界的未成年人保护意识在不断提升，未成年人保护行动或政策愈加受到关注。2015 年通过并实施的《刑法修正案（九）》取消"嫖宿幼女罪"，加强对幼女的保护，将之前游离于法律灰色地带严重侵害未成年人权益的行为纳入严惩范围，强化了未成年人权益的保障。于 2014 年征求意见且于 2015 年出台的《反家庭暴力法》通过强制报告、临时安置以及撤销监护人资格等方式明确规定"对未成年人应当给予特殊保护"。2016 年国务院颁布《加强农村留守儿童关爱保护工作的意见》，规定了一系列具有突破性以及可操作性的内容，从而建立起全方位与系统化的留守儿童关爱保护工作机制。2016 年公安部儿童失踪信息紧急发布平台上线，该平台利用迅速发展的互联网平台，尽快找回失踪未成年人，有效地保护未成年人安全且有助于维护家庭的稳定和谐。

2019 年最高人民检察院增设了第九检察厅，这意味着检察机关四级未检机构组织体系基本构建完成。检察机关的独立化与专门化对于未成年人司法体制的构建与未成年人权益的保障具有极其重要的意义。

2023 年"两高"联合发布《关于办理强奸、猥亵未成年人刑事案件适用法律若干问题的解释》，加大未成年人保护力度。2021 年最高人民法院成立少年法庭工作室，并在六个巡回法庭设立少年审判巡回审判点，负责综合统筹未成年人审判指导，参与未成年人案件审判管理，协调开展未成年人案件巡回审判等工作。

在呼吁加强对未成年人保护的同时，针对违法犯罪的未成年人，要求严惩的社会呼声却日渐显著。有观点认为，未成年人犯罪数量呈不断上升趋势，且未成年人违法犯罪呈现出低龄化、暴力化、成人化趋势，尤其是近年来校园欺凌事件频繁见诸报端，引发社会各界的强烈关注。《刑法修正案（十一）》将未成年人刑事责任年龄下调。虽然对违法犯罪的未成年人要求严惩的社会呼声对未成年人司法转处制度的构建形成一定的挑战，但对未成年人权益保护的重视则有助于未成年人司法制度以及司法转处制度的完善。

第四节 构建我国未成年人司法转处制度的方案选择

我国未成年人保护与司法制度所呈现的新动态与新形势带来新的挑战与机遇，然而，我国未成年人司法制度的发展历程与现状仍是构建与完善未成年人司法转处制度的基础。如前文所述，未成年人司法转处具有多重属性，未成年人司法转处理念蕴含深厚涵义，未成年人司法转处实践形式丰富多元。在遵循理念要求与实践经验的基础上，我国未成年人司法转处制度的构建目前存在"广义的转处制度"与"狭义的转处制度"两种可选方案，故应当对二者进行结构解析与优劣分析，从而厘清我国未成年人司法转处制度应当遵循的发展方向与道路。

一、方案一：广义的转处制度

（一）含义与具体结构

广义的转处制度的基础是广义层面的未成年人司法转处内涵，该类未成年人司法转处制度是指将符合一定条件的未成年人尽可能暂时或永久地从司法程序任一阶段中附条件或无条件地予以转出，以避免遭受司法程序消极影响的制度。正如有些学者所主张的，未成年人司法转处是一套制度，并非任何一个具体的处遇措施。转处是司法机关对符合一定标准的越轨未成年人或不予立案，或不予起诉，或不予审判，或不予刑罚处罚，或不予监禁执行刑罚，而以教育性等辅助措施教育、矫治的措施，从实体和程序上实现未成年人处遇的非犯罪化、非刑罚化和非监禁化。[1]

---

[1] 钟勇、高维俭：《少年司法制度新探》，中国人民公安大学出版社2011年版，第328页。

　　因此，我国广义的司法转处制度由未成年人非犯罪化制度、非刑罚化制度以及非监禁化制度组成。一是未成年人非犯罪化制度，是指司法机关不将符合条件未成年人的行为视作犯罪行为并给予司法处遇的制度，主要包括不予立案或撤销案件制度，与附条件不起诉制度。根据我国《刑事诉讼法》及相关司法解释的规定，不予立案或撤销案件是公安机关行使自由裁量权防止未成年人进入司法程序的重要举措。我国未成年人的法定立案条件和程序与成年人并无差别，但在实践中公安机关可运用酌情考虑行为人的未成年人身份进行处遇。公安机关不予立案或撤销案件后，可以直接释放未成年人，也可能根据《公安机关办理未成年人违法犯罪案件的规定》第 28 条的规定，将其送收容教养。同样，检察机关在审查起诉时发现未成年人案件"情节显著轻微、危害不大，不认为是犯罪的"可以作出不起诉的决定。此外附条件不起诉也是检察机关针对未成年人适用的非犯罪化举措，适用该制度的未成年人应当符合法定条件，并在考验期内遵守相应规定。考验期满后，检察机关作出不起诉的决定。

　　二是未成年人非刑罚化制度，这是不针对未成年人判处刑罚或者将未成年人从刑罚执行过程中予以转处的制度，主要包括定罪免刑、缓刑以及假释制度。根据《刑法》第 37 条的规定，法院认为"犯罪情节轻微不需要判处刑罚的，可以免予刑事处罚"。法院有权对未成年行为人的人身危险性、主观罪过、犯罪行为的客观情节以及社会危害性等因素予以综合考量后运用自由裁量权决定免予刑事处罚。此外，可以根据案件的具体情况，对未成年人进行训诫或要求其承担其他非刑罚性的责任。宣告缓刑是未成年人非刑罚制度的另一项重要内容。针对符合法定条件的未成年人宣告缓刑，未成年人在考验期内遵守相关规定，期满后"原判的刑罚就不再执行"，将未成年人完全转出刑罚执行程序。未成年人非刑罚制度的重要内容还包括假释，与宣告缓刑的程序相似，未成年人在考验期内遵守一定的规定，期满后"认为原判刑罚已经执行完毕"，意味着刑罚完全终结。

　　三是非监禁化制度，是指对未成年人适用非羁押的强制措施与非监禁刑罚以避免未成年人置于监禁场所中的制度，主要包括取保候审、非监禁刑以及社区矫正制度。符合条件的未成年人提出保证人或交纳保证金，公安机关、检察院和法院决定是否取保候审时，应当考虑未成年人的社会危险性，权衡羁押的必要性与羁押对未成年人造成的不良影响、案情以及保证诉讼活动正常进行的需要。对未成年人判处非监禁刑，不仅指管制，同时也指监禁刑的替代性处分措施。判处管制的未成年人依法适用社区矫正，这是我国当前非监禁刑的主要形式。我国社区矫正起步较晚，未成年人社区矫正制度亟待完善。此外，我国监禁刑的替代措施较为缺乏，是未来的发展重点。

（二）优势与缺陷

广义的转处制度以非犯罪化、非刑罚化、非监禁化制度为主要内容建构起一个结构松散且覆盖面广泛的网络，故其优劣势也十分明显。未成年人司法转处制度将所有避免或减少未成年人进入司法程序的制度与措施集合并赋予其转处的意义，涵盖的内容达到最大化。有鉴于此，广义的转处制度能够加强对转处重要性的认识，提升未成年人司法转处意识，从而促进对非犯罪化、非刑罚化以及非监禁化制度与措施的适用。

然而，广义的转处制度内部框架与内容较为分散，且各项制度存在诸多差异，适用阶段、主体、条件、程序等方面均不相同，在这个层面，未成年人司法转处制度仅成为相关制度的统称，无法形成一项逻辑严密、结构清晰、内容周全的独立制度。此外，广义的转处制度因涵盖内容较多，容易忽略重点，不利于建构能够发挥转处核心作用的制度，如附条件不起诉等制度。

二、方案二：狭义的转处制度

（一）含义与具体结构

狭义的转处制度的基础则是狭义层面的未成年人司法转处的内涵，该类未成年人司法转处制度是指将符合条件的未成年人从正式的刑事司法或未成年人司法程序中附条件或无条件地予以转出并视情况对其实施相应的处遇措施，未成年人遵守条件或完全履行义务后不再启动或不再继续司法程序的制度。一方面，未成年人司法转处制度是一项正式司法程序的替代制度，正如加拿大联邦政府认为，转处是一项正式的程序，即在未成年人被起诉后但审判程序开始前，通过替代性的协商、调解与补偿计划从而终止诉讼程序。[①]

---

① Joint Proposals for a Basic Federal Policy Position on Diversion(Ottawa: Department of Justice and Ministry of the Solicitor General, September, 1978).

另一方面，未成年人司法转处制度是一项未成年人司法处遇制度，通过转处的方式对未成年人的违法犯罪问题进行处遇，并防止再犯发生。

因此，我国的狭义的转处制度由适用范围、主体要素、条件要素、程序要素、处遇方案（实体要素）、法律后果等内容组成。一是适用范围，未成年人司法转处制度的适用范围既指案件范围也指适用对象。并非所有的未成年人犯罪人都适用司法转处制度。在考虑未成年人司法转处制度的适用范围时不仅应当考虑案件的性质或案件的类型，也应当考虑未成年人是否为初犯、偶犯、未成年人的主观因素、家庭背景、成长环境等因素。正如根据《刑事诉讼法》及司法解释的规定，在决定是否作出附条件不起诉决定时，未成年人涉嫌触犯的罪名、悔罪表现、公安机关及被害人的意见均应当予以考量。二是主体要素，即决定适用未成年人司法转处制度的主体。未成年人司法转处是相关主体在其与正式司法程序之间运用自由裁量权作出的选择，可视为司法程序的暂停或中止，根据未成年人的具体情况终止或继续司法程序。我国未成年人司法仍依托于成人司法背景，因此目前未成年人司法转处制度的适用主体为公安机关和检察院，法院并未成为能够将未成年人转出审判程序的主体，由此可见，我国目前的未成年人司法转处制度主要表现为审前转处。三是条件要素，即指启动未成年人司法转处程序应当具备的条件。根据《刑事诉讼法》及司法解释的规定，公安机关和检察院在决定对未成年人案件不予立案、撤销案件或附条件不起诉时，应具备明确、规范的程序要件与实体要件。由于我国对未成年人适用的是审前转处，意味着在经由正式的审判程序定罪之前已经认定未成年人实施了犯罪行为，故未成年人自愿认罪应当成为适用转处的实体要件之一。四是程序要素，即未成年人司法转处制度从启动到结束每一环节应当遵循的具体程序。未成年人司法转处制度是正式司法程序的替代制度，涉及对未成年人诸多权益的处分，故应当遵循法定的程序进行。我国公安机关决定不予立案和撤销案件时，法律并未规定相关程序，但针对附条件不起诉的程序作了相对明确的规定，包括附条件不起诉决定的作出、公安机关要求复议、提请复核或者被害人申诉的情况的处理、未成年犯罪嫌疑人及其法定代理人有异议的情况的处理、考察等。五是处遇方案，即未成年人司法转处制度的实体要素，是指对受到转处的未成年人施以非刑罚处分，使其承担相应责任。我国目前尚未建立针对未成年人适用的非刑罚处分体系，仅有赔礼道歉、训诫、严加管教、工读学校（专门学校）、收容教养等零散的处分措施，实践效果有待继续提升。六是法律后果，是指未成年人司法转处程序结束后在法律上所产生的效果，主要分为两个方面，一方面是对司法程序进程的影响，若未成年人已经完全履行处分措施或遵守相应条件规则，司法程序则不再启动或终止，反之，则会启动或继续进行司法程序。另一方面是对刑事犯罪记录的影响，若未成年人已经完全履行处分措施或遵守相应条件规则，则不会记入犯罪记录。

（二）优势与缺陷

狭义的转处制度是围绕着未成年人司法转处这个核心法范畴充实框架与内容后建立起来的一项制度，其优势在于：一是结构清晰，适用范围、主体要素、条件要素、程序要素、处遇方案（实体要素）、法律后果等多项要素构成了未成年人司法转处制度的框架，清晰的结构有助于梳理各部分之间的关系并予以完善；二是内容明确且具体，该制度各部分内容均围绕未成年人司法转处这个中心展开，内容较为周延且自成体系并在法律规范中得以体现；三是有助于将该制度作为一项具有系统性与全面性的制度予以统筹考虑，较容易发现其中的缺陷，并及时完善和调整。

相较于广义的转处制度，狭义的转处制度涵盖的内容并不如前者丰富，如取保候审、假释等制度均难以包括其中。我国当前的狭义的转处制度实则为审前转处制度，内容比较有限，仅公安机关和检察院适用转处，审判阶段法官运用自由裁量权将未成年人从正式司法程序中转出的制度存在空白。此外，狭义的转处的程序要素、实体要素等内容均亟待完善。

🌱 三、小结

作为未成年人司法的核心制度，我国未成年人司法转处制度建构与完善方案的选择应当尊重未成年人司法传统，反思未成年人司法现状，促进未成年人司法的未来发展。

广义的转处制度与狭义的转处制度的建构与完善各自依托于不同的基础，二者的含义、结构与内容均存在差异，各具优势同时各存缺陷。广义的转处制度是在非犯罪化、非刑罚化以及非监禁化三项原则指导下对我国现有制度的整合，结构与内容繁杂，并未形成体系化的制度，然而，以构建一项关涉未成年人权益的完整制度为目标的狭义的转处制度则更具价值。将未成年人司法转处制度构建成为一项结构清晰且内容丰富的制度符合联合国公约及国际准则的要求。《儿童权利公约》第 40 条第 3 款规定，缔约国应在适当和可取时，寻求对被指称、控告或确认触犯刑法的儿童采取不诉诸司法审判的措施。《〈儿童权利公约〉第 10 号一般性意见——少年司法中的儿童权利》第 15 条指出，"一项少年司法综合政策必须处置的核心内容"之一便是"不诉诸司法审理的干预措施"。我国未成年人司法转处制度可以按照狭义的转处制度的方向予以构建和完善。

第五节　构建与完善我国未成年人司法转处制度的具体路径

我国的刑事司法制度具有鲜明的中国特色，作为刑事司法派生产物的未成年人司法也独具一格。因此，在构建与完善未成年人司法转处制度时，应当充分考虑我国刑事司法与未成年人司法的特殊背景，在此基础上对制度的重要方面进行完善，而非移花接木对其进行粗略修补。

一、重点问题

未成年人司法转处制度的构建与完善，首先面临的是基础与视角的问题。我国的未成年人司法正处于独立的进程中，其程序与实体方面仍按照成年人刑事司法的规则进行，因此当论及未成年人司法，总难以脱离刑事司法的框架与逻辑。虽然我国未成年人司法转处制度的构建与完善仍须以刑事司法的主要内容为讨论背景与对象，但其终究是未成年人司法的核心制度，针对未成年人司法领域内问题的探讨不仅应当有司法视角也应当有未成年人视角。

（一）界定适用范围的依据与对象的公平性

目前，我国界定未成年人司法转处适用范围的依据主要包括犯罪行为的社会危害性与未成年人的主观恶性。社会危害性是犯罪的本质属性，指行为对我国的社会关系实际造成的损害或者可能造成的损害。决定社会危害程度的因素有很多：行为侵犯的客体，即行为侵犯了什么样的社会关系；行为的手段、后果以及时间、地点；行为造成的危害结果；行为人的个人情况及其主观因素。① 立法者认为犯罪情节轻微、危害性不大的才可以适用转处。同时，未成年人的主观恶性也是影响相关主体是否对其决定适用转处的重要因素之一。主观恶性是指未成年人在犯罪前、犯罪中和犯罪后表现出来的恶劣的行为、态度和思想品质，关系着应受道义上与法律上责难的程度。主观恶性不仅包括行为的恶劣性，也包括犯罪的动机、目的，对犯罪行为以及司法程度的态度、悔罪表现等。因此，初次犯罪、被诱骗或被教唆的未成年人以及具有悔罪表现的未成年人成为适用司法转处的对象。然而，社会危害性是成年人刑法范畴内的概念，强调犯罪行为与社会安宁此消彼长的不兼容关系，将客观行为所造成的危害作为转处与否的依据依赖的仍然是刑事司法基础。

刑事司法关注犯罪行为及惩治，未成年人司法更关注未成年人及教育矫治。笔者的观点并非全盘否定社会危害性作为决定是否转处的依据，毕竟在对具有严重社会危害性与恶劣社会影响性的案件进行处遇时也应当考虑该指标。不过，立足于未成年人最佳利益的视角来看，界定未成年人司法转处适用范围的依据应当包括满足未成年人教育矫治需求的必要性与可能性。一方面，该依据使得未成年人犯罪行为的司法处遇避免了与社会安宁保障针锋相对，二者的实现本不矛盾；另一方面，该依据从未成年人需求的立场出发，能够更有效地实现未成年人司法转处制度的目标。我国的未成年人司法的基本原则即"教育为主、惩罚为辅"，基本方针为"教育、感化和挽救"，未成年人司法转处制度比司法程序与刑罚能够更有效地实现对未成年人的教育矫治。未成年人教育矫治的强烈需求是对未成年人适用转处的依据，能够通过转处实现教育矫治目标则是另一依据。

未成年人司法转处制度是相关主体在法律规定的范围内运用自由裁量权将符合条件的未成年人从正式的司法体系中予以转处的制度，自由裁量的空间则意味着可能对具有相同转处需求的未成年人作出不同的决定。与司法体系不同，未成年人司法转处制度需要各方面社会资源与条件的支持，包括家庭监护条件。如就案件管辖地的外籍户籍未成年人而言，由于缺乏监护和管教的条件，则更可能进入司法程序。实践中，未成年人的性别、年龄、家庭经济条件等均可能成为影响适用未成年人司法转处的因素。我国未成年人司

---

① 王小青：《刑法学总论重点与常见疑难问题探讨》，中国政法大学出版社2015年版，第62页。

法转处制度应当在构建与完善过程中尽可能避免不平等适用问题，重视适用对象的公平性。

（二）转处制度与被害人权益的平衡

我国未成年人司法领域的被害人地位和权益保障状况与刑事司法领域的状况存在共通之处。在以惩罚犯罪和保障被追诉人权益为目标的刑事司法中，被害人的地位和权益逐渐被"边缘化"。在我国的刑事立法与司法中，被追诉人权利的保障越来越成为修法与改革的重心，而较少谈及被害人权益的保护。被害人的利益诉求的实现只能依赖于国家的有效追诉。然而，如果司法机关不作为，被害人的诉求可能难以顺利实现。① 未成年人司法转处制度即相关主体作出终止诉讼程序决定的制度，因此，被害人权益保障不足似乎成为该制度面临的质疑之一。

然而，笔者认为未成年人司法转处制度既可以保护未成年人的最佳利益，也可以保障被害人的权益。被害人的权益能否得到保障与平衡首先必须了解被害人的权益包括哪些内容以及如何才能真正实现其权益。虽然我国的未成年人司法具有一定的特殊规则，而刑事司法的控辩对抗与查明案件事实等特征依旧影响着未成年人司法。控辩对抗的诉讼模式中，被害人与被告人的冲突会因国家的介入而被进一步放大②。虽然未成年人司法转处制度的直接目标是将未成年人从司法程序中转出并帮助其顺利回归社会，但尊重被害人的参与权以及保障其诉求的实现也是该制度的间接目标。正如诸多域外国家的实践与制度所示，未成年人司法转处通常蕴含着恢复性司法的理念或方案，如在菲律宾等国，恢复性司法方案即未成年人司法转处的内容。恢复性司法强调被害人对决定未成年人处遇方案的程序的参与，被害人有机会表达并释放因未成年人的犯罪行为带来的不良情绪，未成年犯罪人能够切实体会到自己行为所造成的不良影响。③ 我国检察机关在作出不起诉或附条件不起诉的决定时，未成年人应当向被害人赔礼道歉并赔偿损失，适用附条件不起诉之前，检察机关应当听取被害人或其法定代理人的意见，其提出异议后可

---

① 李奋飞：《刑事被害人的权利保护——以复仇愿望的实现为中心》，载《政法论坛》2013 年第 5 期。

② ［美］博西格诺：《法律之门》，邓子滨译，华夏出版社 2002 年版，第 660 页。

③ 孟穗：《刑事和解中被害人地位的重新定位》，载《河北法学》2016 年第 1 期。

以参加检察机关举行的不公开听证会并发表意见。由此可见，我国未成年人司法转处制度重视被害人的参与权及权益保障，但在改革与完善该制度的过程中也应重视未成年人与被害人权益的平衡，尤其是在侦查阶段公安机关适用转处时增强被害人的参与程度、有效实现其诉求。

（三）公安机关的自由裁量权与延伸到审判阶段的转处制度

《北京规则》第 11 条第 2 款规定"应授权处理少年犯案件的警察、检察机关或其他机构按照各法律系统为此目的规定的标准以及本规则所载的原则自行处置这种案件，无需依靠正式审讯"。因此，我国未成年人司法转处制度的适用主体存在两个亟待讨论的问题，一是公安机关的自由裁量权。在法律规定的范畴内，自由裁量权即相关权力主体有权根据具体情况作出决定或裁定，其作出决定应是正义、公平、公正、平等和合理的。[①] 自由裁量权是一把"双刃剑"，其大小以及是否有制约和监督机制均是关涉权力主体行使权力效果的决定性因素。我国公安机关决定对未成年人进行转处的自由裁量权较小，因此，是否增强公安机关的自由裁量权，应当权衡公安机关运用较大的自由裁量权所发挥的转处功效与滥用权力的可能性及危害性之间的关系。二是法院适用转处的必要性与可行性问题。联合国国际司法准则的规定以及域外诸多国家与地区未成年人司法转处制度均强调法官或审判阶段的转处。有的域外少年法院具有的"先议权"[②] 使其成为对未成年人进行转处最重要且最有力的主体。审判阶段是对未成年人进行实质性转处的最后一个环节，也是未成年人免受刑事处罚并避免留下刑事犯罪记录的最后一次机会，故我国的未成年人司法转处制度应当延伸到审判阶段。我国的"暂缓判决"实践为法院适用转处积累了一定经验与教训。将适用转处的主体延伸到法院是未成年人司法转处制度构建与完善的必然趋势。

---

① 贾敬华：《司法自由裁量权的现实分析》，载《河北法学》2006 年第 4 期。

② "先议权"是指所有的少年事件均应当由少年法院（庭）进行预先审查。以我国台湾地区的制度与实践为例，少年法院的先议权具体表现为根据少年调查官的调查结果，认为可以适用保护处分的，由少年法院（庭）径行审理并适用保护处分；认为少年触犯刑法，且可能被判处五年以上有期徒刑、受案时已满二十周岁的，或认为少年犯罪情节严重，处以刑事处罚更为合适的，少年法院（庭）将其移送至检察机关由其起诉。

（四）正当程序的保障

纵观域外未成年人司法的发展历程与规律，以美国为例，未成年人司法初期依赖于少年法院（庭）法官对未成年人事业的热情与爱心，少年法院（庭）更像一个社会福利机构，强调以非正式的方法对违法犯罪的未成年人进行处遇；将未成年人视为国家监护的对象，未成年人所享有的权利则是被监护权，此时的未成年人司法与成年人刑事司法有一定距离。直至 20 世纪 60 年代，其受到有关宪法基础与正当程序方面的持续且系统的考验。① "正当程序革命"促使未成年人司法从一个社会福利机构走向更为正式的法律机构，未成年人司法体系开始与成年人刑事司法体系的程序与实体相互融合。未成年人司法赋予未成年人诸多如律师辩护权、获得陪审团审判等宪法权利，逐渐演变为关注惩罚犯罪与保障权利的司法体系，如第二章所述，正当程序革命时期过后的未成年人司法进入惩罚模式时期。历史总是惊人的相似。当未成年人司法的发展越发像刑事司法时，未成年人司法转处改革应运而生。未成年人司法转处强调将未成年人从正式的司法程序中予以转出，运用非正式的方案对其进行处遇。随后，正当程序的缺乏便又成为未成年人司法转处受到抨击的原因。由此可见，正当程序是未成年人司法发展过程中的永恒追求，程序保障的缺位所导致的结果往往是恣意妄断，而非"细致入微的、富于同情心、个别化的治疗"。

虽然未与刑事司法分离的我国的未成年人司法存在诸多缺陷，但在程序保障方面则具有一定优势。我国刑事司法的程序规则是对违法犯罪的未成年人进行司法处遇的基本依据，因此成年人享有的实体权利与程序权利，未成年人同样也享有，并且由于特殊制度与规则的设计，未成年人还享有成年人没有的权利。我国未成年人司法转处制度在保障正当程序方面具有一定的基础，但仍应当警惕以教育矫治为名义而对未成年人的权利进行减损。

（五）实体处遇与保护处分之辨

顾名思义，"转处"一方面是"转"，即将符合条件的未成年人从正式的司法体系中转出，另一方面是"处"，即对被转出的未成年人进行实体处

---

① ［美］巴里·C. 菲尔德：《少年司法制度》，高维俭、蔡伟文、任延峰译，中国人民公安大学出版社 2011 年版，第 7 页。

遇。需要指出的是，处遇并非未成年人被转出后的必然结果，例如公安机关针对犯罪情节显著轻微的未成年人训诫后便可直接释放；虽然如此，实体处遇已成为未成年人司法转处制度得以正当化的理由，将未成年人从司法体系中转出是为了避免其受到不良影响，对未成年人进行实体处遇，不仅是对未成年人进行教育矫治，更是为了帮助未成年人顺利回归社会且不会走上犯罪道路。相较于"刑罚"一词，"处遇"的词义偏向中性，而且内涵也不同，外延比较宽泛。

未成年人司法转处制度可视为替代司法程序与刑罚的处遇制度。近年来，我国未成年人司法的理论与实务两界对保护处分给予越来越多的关注，未成年人司法转处制度的实体处遇与保护处分的关系需要进一步探讨。我国台湾学者陈敏男认为保护处分是"代替刑罚之教育方法"[1]，有学者认为，保护处分即少年罪错处遇中具有替代刑罚性质的措施。[2] 也有学者认为保护处分是以替代普通刑罚为目标的一项制度。[3] 由此可见，保护处分的基本内涵包括以下三点：一是保护处分的适用对象是未成年犯或虞犯未成年人，即已经实施了犯罪行为的未成年人、尚未实施犯罪但有严重不良行为的未成年人，或虽然违反刑法，实施了犯罪行为但未达到刑事责任年龄的未成年人；二是保护处分的功能是替代刑罚，关注到刑罚的不必要性与危害性，保护处分更有利于实现教育矫治与预防再犯功能；三是保护处分的目的是"保护"与"教育"，保护和教育既是贯穿于保护处分的原则与方式，也是保护处分的目的。

保护处分是未成年人司法领域的实体处遇，未成年人司法转处的实体处遇的范畴则更狭窄一些。虽然我国目前尚未建立保护处分体系，但如工读教育、收容教养等内容已经构成了该体系的基石，而这些措施也正是未成年人被转处后通常适用的处遇方案。因此，我国未成年人司法转处制度的实体处遇与保护处分可以同时得到构建与完善。

---

[1] 姚建龙：《少年刑法与刑法变革》，中国人民公安大学出版社 2005 年版，第 164 页。
[2] 姚建龙：《少年刑法与刑法变革》，中国人民公安大学出版社 2005 年版，第 164 页。
[3] 蔡桂生：《论我国未成年犯保护处分的规范化》，载《法治研究》1998 年第 9 期。

🕊 二、具体内容

（一）适当扩大适用范围且保障适用的公平性

我国未成年人司法转处的适用范围不仅应当考虑犯罪行为的社会危害性与未成年人的主观恶性，更应当考虑未成年人的教育矫治需求。犯罪行为的社会危害性、未成年人的主观恶性与未成年人的教育矫治需求并非此消彼长的冲突关系，即使未成年人实施的犯罪行为具有严重的社会危害性，其教育矫治的需求依然强烈。扩大未成年人司法转处的适用范围符合未成年人司法的规律，顺应未成年人司法转处制度的发展趋势。我国公安机关和检察机关的地位与职能不同，二者适用未成年人司法转处的案件范围均应当扩大。具体而言，只要未成年人案件符合以下四项条件，公安机关可以适用转处：一是犯罪事实轻微。目前立法规定的"犯罪事实显著轻微"要求较为严苛，该类案件数量较少。二是危害不大。三是不需要追究刑事责任。四是认为有通过转处进行教育矫治的需要。检察机关作出不起诉的决定，其案件需符合以下三项条件之一：一是未成年人实施的是轻伤害案件、初次犯罪、过失犯罪、犯罪未遂的案件以及被诱骗或者被教唆实施的犯罪案件等。案件类型与性质已经足以说明案件的社会危害性，无须再满足"情节轻微"这一情形。二是未成年人确有悔罪表现。这不仅体现在未成年人向受害者赔礼道歉或悔罪的态度上，也体现在对受害者进行赔偿补偿的行动上。三是认为有通过转处进行教育矫治的需要。未成年人案件符合以下四项条件，检察机关应当适用附条件不起诉：一是未成年人实施的犯罪行为涉嫌侵犯公民人身权利、民主权利，侵犯财产，或妨害社会管理秩序罪，可能被判处五年有期徒刑以下刑罚。参考犯罪记录封存的刑期规定，探索将未成年人可能被判处的刑期提升到"五年有期徒刑以下"，一方面让更多的未成年人有转处的机会，另一方面，与其他三项条件相结合，特别是第四项条件"认为有通过转处进行教育矫治的需要"，有助于消除转处被滥用的风险。二是案件犯罪事实清楚，证据确实充分，符合起诉条件。三是具有悔罪表现。四是认为有通过转处进行教育矫治的需要。

未成年人司法转处制度的公平适用需要司法领域内外的力量与支持共同推动实现。未成年人的户籍地、年龄、性别、文化水平等均会成为相关主体适用转处时的影响因素，社会危害性以及主观恶性的判断均有较为明确的参考标准，然而对未成年人是否有教育矫治的需要的考虑则极具主观性。因此，在相关主体适用未成年人司法转处时，一方面，应当配备专业的办案人员对未成年人的需求进行科学合理的考察；另一方面，应当投入如社工、观护基地等第三方资源以解决未成年人因客观条件受到限制的问题。

（二）增强公安机关的自由裁量权且法院适用转处

在我国，公安机关是违法犯罪的未成年人初次接触的第一个机关。应当增强公安机关的自由裁量权，如对于可能被判处五年有期徒刑以下刑罚的未成年人，公安机关对未成年人的福祉进行综合考量后，有权对未成年人作出是否转处的决定。《刑事诉讼法》第 279 条规定的社会调查制度即是基于未成年人的福祉而设计的，强调对未成年人成长经历、犯罪原因、监护教育等情况的关注。另外，针对因不满十六周岁不予刑事处罚的案件，公安机关自由裁量权设计的重心应当放在处遇方面。未成年人转处理念中的转向理念强调让未成年人免受正式刑事司法的不良影响，处遇理念强调国家整合资源对未成年人进行适当的干预。该类未成年人的行为符合犯罪的客观构成要件，但因为其年龄而不受刑事处罚，这并不意味着未成年人的身心发展情况、生活学习环境、家庭监护状况等方面不存在问题。相反，犯罪但未达刑事责任年龄的未成年人在这些方面往往都存在一定程度的障碍。因此，仅将这类未成年人转出正规的刑事司法程序而对其放任不管难以满足未成年人福祉的要求，公安机关要有一定的自由裁量权调配司法程序内外的相关资源，为该类未成年人提供最适当的处遇方案。

我国应当增加在审判阶段对未成年人适用转处的制度，法院适用转处的未成年人案件是检察院并未予以转处的案件，即在审查起诉阶段该案件不符合转处的条件，故一般分为两种情况：一是犯罪情节严重、危害较大的案件，不满足检察院决定转处的客观条件；二是不服检察院决定转处的主观要件，即主观恶性与通过转处进行教育矫治的需要。第一类案件在审判阶段较难有转处的机会，然而针对第二类案件，若未成年人在审判阶段有悔罪表现并积极采取行动弥补损害，或法院认为未成年人有通过转处进行矫治需要的，法院均有权对其适用转处。

（三）完善适用程序

未成年人司法转处的程序应当进一步予以完善，具体如下：第一，增加听取未成年人意见的环节。诸多域外国家和地区的未成年人司法转处制度对未成年人的意见给予了充分的尊重和重视，这也正是《儿童权利公约》第12条①所规定的。虽然相较于正式的司法程序，未成年人司法转处制度理论上对未成年人更有利，但这并不代表未成年人司法转处决定的作出可以忽视未成年人的参与和意见而直接作出。实际上，适用未成年人司法转处意味着一项事实的承认，即未成年人已经实施了若不转处便会进入司法程序予以处遇的行为，故实践中未成年人司法转处制度并非总有益于未成年人。我国未成年人司法转处制度应当给予未成年人表达意见的机会与权利。具体而言，公安、司法机关在作出适用转处的决定之前应当询问未成年人的意见，只有未成年人及其法定代理人同意才能适用转处。

第二，明确相关的程序规则。一方面，应当明确检察机关举行的附条件不起诉听证会的程序规则。听证会上，办案人员应当首先向参会人员介绍案件事实、法律依据、犯罪嫌疑人品行社会调查结果和拟作附条件不起诉的理由。未成年犯罪嫌疑人及其法定代理人应当发表意见，与会的被害人、律师、侦查人员、心理专家等人员也应当分别就案件办理情况、未成年犯罪嫌疑人的表现和将来的教育等问题发表意见，从而最终确定是否对该未成年人作出附条件不起诉的决定。另一方面，实体处遇方案的场所、期间、条件以及内容等也应当予以明确（该部分的论述见下文）。

第三，完善程序的配套措施。公安、司法机关在适用未成年人司法转处时，应当对未成年人的性格特点、家庭环境、成长背景、教育水平等具体情况进行社会调查。正如前文所述，适用未成年人司法转处的案件应当考虑犯罪行为的社会危害性、未成年人主观恶性以及有通过转处进行教育矫治的需要，因此后两项也成为社会调查的主要内容。社会调查报告对于未成年人司法转处制度具有重要价值，一方面，它是决定是否将未成年人从司法程序中转出的重要依据，另一方面，它是判断对被转处的未成年人适用何种实体处遇方案的重要参考。

---

① "缔约国应确保有主见能力的儿童有权对影响到其本人的一切事项自由发表自己的意见，对儿童的意见应按照其年龄和成熟程度给以适当的看待。"

（四）构建体系化的实体处遇方案

借鉴域外国家和地区的先进经验，结合我国未成年人司法实践的有益探索，应当对未成年人司法转处的实体处遇方案进行体系化的构建，基本原则是尽量限制适用收容性的方案，扩大非收容性的处遇方案。

首先，应当构建与完善非收容性的处遇方案。该类方案宜多元化，以实现不同未成年人的教育、矫治、承担责任等需要。具体包括：一是训诫。即公安、司法机关以口头的方式向未成年人指出其行为的违法性、社会危害性等，了解未成年人违法犯罪的原因，告诫其不得再犯，并告知再犯的法律后果。训诫可以单独或与其他方案结合适用。适用训诫时，如果有条件，未成年人的法定代理人应当在场，公安、司法机关可以召集被害人或其法定代理人参加。二是责令严加管教。我国刑法对责令父母、监护人对未成年人进行严加管教作出明确规定，为保障该方案落到实处，公安、司法机关有权要求父母、监护人定期当面或书面汇报管教情况，由社工等专业工作人员对管教方式、内容和效果进行指导与监督。三是赔礼道歉，即未成年人当面或书面向被害人赔礼道歉，并请求原谅。该方案可以非正式的方式进行，在公安、司法机关的主持下或双方司法进行；也可以正式的方式进行，即未成年被告人与被害人和解，由专门的和解协调人，邀请双方及其法定代理人、律师、社工等主体参加，未成年被告人与被害人面对面交流沟通。四是赔偿损失。要求未成年人对其违法犯罪行为给被害人、社会带来的损失进行赔偿。针对对未成年人的违法犯罪行为，未成年人的父母、监护人负有疏于管教责任的，可以责令代为赔偿。未成年人赔偿损失时可以缴纳财物，也可以提供社会服务或公益劳动替代。五是社会服务或公益劳动。责令未成年人向社区、相关组织团体提供服务或进行公益劳动，时间由决定适用该方案的主体决定并监督执行。六是保护管束。借鉴台湾地区的处遇方案，保护管束相较于训诫等较为严格，即指司法机关应告知未成年人应遵守的事项，与其常保持联系，注意其行动，随时加以指示。保护管束可由司法机关监督执行，或由司法机关派遣的社工执行，司法机关负责监督。保护管束的执行期间由司法机关决定，以一年为限。

其次，应当构建与完善收容性的处遇方案。针对未成年人适用收容性的处遇方案时应当遵循必要且适当的原则，应当优先考虑适用非收容性的处遇方案。具体包括工读教育、治安处罚以及收容教养，这三项是我国的现有方案，但存在诸多需要完善之处，具体如下：一是工读教育。应当增强专门学校教育的针对性与类型化特点。一方面，针对性与类型化应当体现在自愿入学与强制入学相结合的收生特点方面。对于初次、偶尔表现出严重不良行为或违法犯罪情节轻微的未成年人，监护人和未成年人可以选择是否入校。对于违法犯罪情节较重但不予刑事处罚的未成年人，经由法官决定，应当直接入校。另一方面，未成年人入校后，学校应当由专业的心理咨询师或社工对其进行疏导与评估，根据其不同方面的帮助需求，进行针对性与类型化的管理、教育与帮助。二是治安处罚。一方面，发现未成年人违反治安管理处罚法的，公安机关应当登记其基本信息，通知其法定监护人或其他成年亲属到场。同时，应当对未成年人进行社会调查，对其成长经历、监护教育和其他条件进行充分了解。另一方面，对于能够到场的法定监护人或其他成年亲属，由聘请的专业社工对其监护和教育状况进行科学评估，评估不达标的法定监护人或其他临时监护人应当进入家长学校定期培训或集中学习。发现监护人有侵害未成年人行为的，紧急情况下公安机关有权将未成年人带离，或代为申请人身安全保护令。民政部的未成年人救助保护机构对该类未成年人承担临时监护责任，必要时向人民法院申请撤销监护人资格。三是收容教养。一方面，应当促进收容教养程序司法化。由于收容教养属于限制人身自由的措施，因此是否适用以及适用内容均应当由法官通过一定的司法程序决定。法庭应当通知未成年人的法定代理人或其他成年亲属到场，告知未成年人可以聘请律师，没有委托律师的未成年人，法庭应当通知法律援助机构指派律师为其提供帮助。此外，未成年人所在的学校、村（居）委会均应当派代表参加司法程序，有条件的地方应当有社工参加，共同提出对未成年人的收容教养计划。另一方面，应当探索层次性的收容教养内容。在法官决定对未成年人进行收容教养之后，应当对未成年人的状况再次进行详细评估，设定科学合理的参照指标，如从家庭监护、文化程度、性格心理、危险行为等方面进行考量，根据其需要矫治和帮助的重点方面和程度，采取不同的、类型化的收容教养内容。同时，建立定期动态评估机制，依据对未成年人进行矫治和帮助后的效果，及时调整收容教养的方式与内容。①

　　最后，应当构建与完善辅助性的处遇方案。非收容性与收容性的处遇方

---

　　①　马丽亚：《中国未成年人罪错行为司法处遇制度的完善》，载《云南社会科学》2017 年第 4 期。

案之外，应当为有个别化需求的未成年人提供服务或帮助，可谓辅助性的处遇方案。具体包括：一是戒瘾治疗。针对酗酒、上网成瘾的未成年人，由专业的机构对其进行戒瘾治疗，治疗费用由其父母、监护人支付。二是对心理、情绪管理、人际交往等方面辅导。有研究表明，违法犯罪的未成年人通常存在认知、情感、需求、意志等方面的缺陷。① 因此，针对存在前述问题的未成年人进行心理等方面的辅导与帮助实属必要。三是就学就业等方面的培训或教育。被转处的未成年人要顺利回归社会必须有重新立足于社会的机会与能力，就学就业等方面的培训或教育可以帮助未成年人回归社会并预防再犯。

---

① 张远煌：《未成年人犯罪专题整理》，中国人民公安大学出版社 2010 年版，第 222 页。

参考文献

一、中文著作

1. ［法］安塞尔：《新刑法理论》，卢建平译，香港天地图书有限公司1980 年版。

2. ［美］巴里·C·菲尔德：《少年司法制度》，高维俭、蔡伟文、任延峰译，中国人民公安大学出版社 2011 年版。

3. 北京大学哲学系外国哲学史教研室：《西方哲学原著选读（上卷)》，商务印书馆 1997 年版。

4. 卞建林：《现代司法理念研究》，中国人民公安大学出版社 2012 年版。

5. ［美］博西格诺：《法律之门》，邓子滨译，华夏出版社 2002 年版。

6. 储槐植：《刑事一体化与关系刑法论》，北京大学出版社 1997 年版。

7. 狄小华：《中国特色少年司法制度研究》，北京大学出版社 2017 年版。

8. 丁寰翔、刘友水：《未成年人司法制度的构建与实践—以尤溪法院为主要视点》，中国民主法制出版社 2012 年版。

9. ［意］恩里科·菲利：《实证派犯罪学》，郭建安译，中国人民公安大学出版社 2004 年版。

10. ［意］恩里科·菲利：《犯罪社会学》，郭建安译，中国人民公安大学出版社 2004 年版。

11. 郭静晃、曾华源：《少年司法转向制度之因应》，洪叶文化有限公司2000 年版。

12. 郭翔：《中华人民共和国预防未成年人犯罪法释义》，中国法制出版社1999 年版。

13. 汉斯·约阿西姆·施奈德：《犯罪学》，吴鑫涛、马君玉译，中国人民公安大学出版社 1990 年版。

14. ［德］黑格尔：《小逻辑》，贺麟译，商务印书馆 1980 年版。

15. 贾宇、舒洪水、王东明：《未成年人犯罪的刑事司法制度研究》，知识产权出版社 2015 年版。

16. ［美］杰弗里·雷曼、保罗·莱顿：《富人更富 穷人进监狱——美国刑事司法制度的双重标准（第 10 版）》，孙伯阳、焦永霞译，华夏出版社 2015 年版。

17. 胡康生：《中华人民共和国预防未成年人犯罪法释义》，法律出版社 1999 年版。

18. ［美］霍华德·S 贝克尔：《局外人：越轨的社会学研究》，张默雪译，南京大学出版社 2011 年版。

19. ［美］卡特考斯基等：《青少年犯罪行为分析与矫治（第 5 版）》，中国轻工业出版社 2009 年版。

20. 康树华、向泽选：《青少年法学新论》，高等教育出版社 1996 年版。

21. 康树华：《未成年人犯罪预防与法制教育读本》，北京师范大学出版社 2000 年版。

22. 梁德阔、徐大慰：《国外青少年犯罪的实证研究精解》，中国人民公安大学出版社 2014 年版。

23. 刘立霞、高树勇：《人身危险性与少年司法制度改革》，中国检察出版社 2011 年版。

24. 刘作揖：《少年观护工作》，五南图书出版股份有限公司 1984 年版。

25. ［意］龙勃罗梭：《犯罪人论》，黄风译，中国法制出版社 2005 年版。

26. 卢琦：《中外少年司法制度研究》，中国检察出版社 2008 年版。

27. 马皑，［日］浜田寿美男：《中日法律心理学的课题与共同可能性》，中国政法大学出版社 2015 年版。

28. ［美］玛格丽特·K 罗森海姆、富兰克林·E 齐姆林、戴维·S 坦嫩豪斯、伯纳德·多恩：《少年司法的一个世纪》，高维俭译，商务印书馆 2008 年版。

29. 马克昌：《近代西方刑法学说史略》，中国检察出版社 2004 年版。

30. 马克昌：《比较刑法原理——外国刑法学总论》武汉大学出版社 2012 年版。

31. 马克思、恩格斯《马克思恩格斯全集（第 16 卷）》，中央编译局译，人民出版社 1961 年版。

32. ［英］马丁·因尼斯：《解读社会控制：越轨行为、犯罪与社会秩序》，陈天本译，中国人民公安大学出版社 2009 年版。

33. 梅义征：《社区矫正制度的移植、嵌入与重构：中国特色社区矫正制度研究》，中国民主法制出版社 2015 年版。

34. ［美］米切尔·T·尼茨尔：《犯罪及其矫正》，北京心理学会"犯罪及其矫正"翻译组译，北京心理学会 1981 年版。

35. 莫洪宪：《中国青少年犯罪问题及对策研究》，湖南人民出版社 2005 年版。

36. 上海公安年鉴编辑部编：《上海公安年鉴 2004》，同济大学出版社 2004 年版。

37. 石晓波：《公诉裁量权研究》，知识产权出版社 2013 年版。

38. 苏力：《制度是如何形成的》，中山大学出版社 2007 年版。

39. 沈银和：《中德少年刑法比较研究》，五南图书出版公司 1989 年版。

40. 沈玉忠：《未成年人犯罪特别处遇研究》，中国长安出版社 2010 年版。

41. 宋英辉、何挺、王贞会：《未成年人刑事司法改革研究》，北京大学出版社 2013 年版。

42. 佟丽华：《中国未成年人保护与犯罪预防工作指导全书（第一卷）》，光明日报出版社 2002 年版。

43. 王牧：《新犯罪学（第二版）》，高等教育出版社 2010 年版。

44. 王小青：《刑法学总论重点与常见疑难问题探讨》，中国政法大学出版社 2015 年版。

45. 王鑫宝：《中国回归社会问题研究文集》，社会科学文献出版社 1992 年版。

46. 谢望原：《欧陆刑罚制度与刑罚价值原理》，中国检察出版社 2004 年版。

47. 徐建：《青少年法学新视野：近 20 年华政青少年犯罪研究成果（下）》中国人民公安大学出版社 2005 年版。

48. 徐祥运、刘杰编：《社会学概论（第 4 版）》，东北财经大学出版社 2015 年版。

49. 杨旭：《意大利少年司法社会化研究》，中国社会科学出版社 2015 年版。

50. 姚建龙：《长大成人：少年司法制度的建构》，中国人民公安大学出版社 2003 年版。

51. 姚建龙:《少年刑法与刑法变革》,中国人民公安大学出版社 2005 年版。

52. 姚建龙:《中国少年司法研究综述》,中国检察出版社 2009 年版。

53. 姚建龙:《超越刑事司法:美国少年司法史纲》法律出版社 2009 年版。

54. 姚建龙:《青少年犯罪与司法论要》,中国政法大学出版社 2014 年版。

55. 俞宁、姜红:《初次触法少年耻感意识研究:基于自我的反身性思考》,合肥工业大学出版社 2013 年版。

56. 张军:《刑法基本原则适用》,中国人民公安大学出版社 2012 年版。

57. 张立勇:《中国特色少年司法制度改革与完善研究》,法律出版社 2012 年版。

58. 张利兆:《未成年人犯罪刑事政策研究》,中国检察出版社 2006 年版。

59. 张远煌:《犯罪学原理》,法律出版社 2001 年版。

60. 张远煌:《未成年人犯罪专题整理》,中国人民公安大学 2010 年版。

61. 张远煌:《中国未成年人犯罪的犯罪学研究》,北京师范大学出版社 2012 年版。

62. 张文:《中美少年司法制度比较研究》,法律出版社 2010 年版。

63. 张文显:《张文显法学文选:司法理念与司法改革》,法律出版社 2011 年版。

64. 赵琛:《少年犯罪之刑事政策》,商务印书馆 1937 年版。

65. 赵俊:《少年刑法比较总论》,法律出版社 2012 年版。

66. 《哲学百科全书》,中国大百科全书出版社 1995 年版。

67. 中国犯罪学研究会未成年人法制教育专业委员会组织:《预防未成年人犯罪与法制教育全书》,西苑出版社 1999 年版。

68. 钟勇、高维俭:《少年司法制度新探》,中国人民公安大学出版社 2011 年版。

69. 周震欧:《少年犯罪与观护制度》,学术著作赞助委员会 1988 年版。

70. 邹川宁:《少年刑事审判若干程序问题研究》,法律出版社 2007 年版。

71. [澳] 约翰·布雷思韦特:《犯罪、羞耻与重整》,王平、林乐鸣译,中国人民公安大学出版社 2014 年版。

二、中文期刊

1. 蔡桂生：《论我国未成年犯保护处分的规范化》，载《法治研究》1998年第9期。

2. 陈晨：《空间与秩序：对工读学校教育现状的反思》，载《华东师范大学学报（教育科学版）》2014年第1期。

3. 陈建明：《未成年被告人暂缓判决的实践与思考》，载《青少年犯罪问题》2002年第2期。

4. 陈立：《刑事实证学派评述》，载《比较法研究》1990年第4期。

5. 陈卫东：《当前司法改革的特点与难点》，载《湖南社会科学》2012年第2期。

6. 程捷：《"中德少年司法与少年刑罚研讨会"会议综述》，载《中国青年社会科学》2017年第5期。

7. 程晓璐：《附条件不起诉制度的适用》，载《国家检察官学院学报》2013年第6期。

8. 董士昙、李梅：《农村留守儿童监护问题与犯罪实证研究》，载《中国人民公安大学学报（社会科学版）》2010年第3期。

9. 郭连申：《圆桌审判—少年刑事审判方式改革的探索与思考》，载《人民司法》1998年第11期。

10. 韩哲、边志伟：《看守所未成年犯分管分押制度的改进》，载《预防青少年犯罪研究》2012年第10期。

11. 胡印富：《我国未成年人刑事法律体系的现状》，载《政法学刊》2015年第1期。

12. 贾敬华：《司法自由裁量权的现实分析》，载《河北法学》2006年第4期。

13. 李奋飞：《刑事被害人的权利保护——以复仇愿望的实现为中心》，载《政法论坛》2013年第5期。

14. 李卫红、王劢：《未成年人司法转处对刑事司法裁判权的侵入与阻断》，载《中国青年政治学院学报》2008年第4期。

15. 廖斌、何显兵：《论收容教养制度的改革与完善》，载《西南民族大学学报（人文社会科学版）》2015年第6期。

16. 廖奕:《转型中国司法改革顶层设计的均衡模型》,载《法治与社会发展》2014 年第 4 期。

17. 林维:《未成年人刑事司法转处理念研究》,载《吉林大学社会科学学报》2006 年第 6 期。

18. 刘东根:《试论我国少年警察制度的建立》,载《北京科技大学学报(社会科学版)》2008 年第 4 期。

19. 刘桃荣:《英国青少年犯罪预防的经验》,载《青少年犯罪问题》2006 年第 5 期。

20. 刘悦:《澳大利亚青年转介与独立人项目制度评价与借鉴》,载《青少年犯罪问题》2015 年第 5 期。

21. 路琦:《创新和完善我国工读教育的现实思考》,载《青少年犯罪问题》2012 年第 5 期。

22. 马丽亚:《中国未成年人罪错行为司法处遇制度的完善》,载《云南社会科学》2017 年第 4 期。

23. 马丽亚:《未成年人刑事司法转处的国际准则与本土化思考》,载《湖北警官学院学报》2017 年第 1 期。

24. 毛建平、段明学:《暂缓起诉若干问题研究》,载《人民检察》2004 年第 6 期。

25. 孟穗:《刑事和解中被害人地位的重新定位》,载《河北法学》2016 年第 1 期。

26. 潘祖全、李英:《刑事诉讼视野下的司法成本节约》,载《人民检察》2006 年第 4 期。

27. 盛长富:《纵论未成年人司法转处制度》,载《河北法学》2014 年第 12 期。

28. 宋英辉、许身健:《恢复性司法程序之思考》,载《现代法学》2006 年第 3 期。

29. 宋远升:《匈牙利新刑事诉讼法典及相关立法的反思与借鉴》,载《犯罪研究》2006 年第 1 期。

30. 万安中:《论中国古代监狱管理制度的沿革及其特征》,载《广东社会科学》2006 年第 6 期。

31. 万云松:《留守未成年人重新犯罪问题实证研究———以重庆某区 77 名留守未成年人犯罪案件为样本》,载《青少年犯罪问题》2015 年第 6 期。

32. 王东海：《附条件不起诉的适用难题与破解之道》，载《青少年犯罪问题》2016 年第 3 期。

33. 汪建成、王一鸣：《检察职能与检察机关内设机构改革》，载《国家检察官学院学报》2015 年第 1 期。

34. 吴燕：《刑事诉讼程序中未成年人司法保护转介机制的构建——以上海未成年人司法保护实践为视角》，载《青少年犯罪问题》2016 年第 3 期。

35. 谢登科：《困境与出路：附条件不起诉适用实证分析》，载《北京理工大学学报（社会科学版）》2015 年第 4 期。

36. 薛芳：《荷兰未成年人违法犯罪处遇制度研究》，载《犯罪与改造研究》2010 年第 6 期。

37. 杨建军：《司法改革的理论论争及其启迪》，载《法商研究》2015 年第 2 期。

38. 姚建龙：《标签理论及其对美国少年司法改革之影响》，载《犯罪研究》2007 年第 4 期。

39. 姚建龙：《国家亲权理论与少年司法——以美国少年司法为中心的研究》，载《法学杂志》2008 年第 3 期。

40. 姚建宗：《法律制度构造论》，载《吉林大学社会科学学报》1996 年第 5 期。

41. 张寒玉、陆海萍、杨新娥：《未成年人检察工作的回顾与展望》，载《预防青少年犯罪研究》2014 年第 5 期。

42. 张和林、严然：《检察机关内设机构改革若干问题探究》，载《人民检察》2014 年第 6 期。

43. 张鸿巍：《未成年人刑事处罚分流制度研究》，载《中国刑事法杂志》2011 年第 6 期。

44. 张美英：《论现代少年司法制度——以中、德、日少年司法为视角》，载《青少年犯罪问题》2006 年第 5 期。

三、报刊

1. 党小学：《降低刑事责任年龄应对"熊孩子"》，载《检察日报》2015 年 7 月 1 日，第 5 版。

2. 骆惠华：《为了孩子幸福为了国家未来——人民法院少年法庭工作辉煌

30 年回顾》，载《人民法院报》2014 年 11 月 25 日，第 4 版。

3. 宋英辉：《理性看待刑事责任年龄制度》，载《检察日报》2016 年 10 月 24 日，第 3 版。

🌐 四、析出文献

1. 何斐明：《北京规则与修订刑法的完善 ［A］检察应用理论与实务研究文丛（一）［C］》，研究出版社 2002 年版。

🌐 五、电子文献

1.《不捕不诉率升了未检工作"泉州模式"成效显现》，载东南网 2017 年 10 月 30 日，https：//qz. fjsen. com/2016 – 02/29/content_17417236. htm。

2.《公安部儿童失踪信息发布平台上线失踪信息将秒送周边人群》，载人民网 2016 年 5 月 16 日，http：//politics. people. com. cn/n1/2016/0516/c1001 – 28352216. html。

3.《南汇公安志》，载上海市地方志办公室官网 2017 年 5 月 9 日，https：//www. shtong. gov. cn/difangzhi – front/book/detailNew？ oneId = 1&bookId = 228124& parentNodeId = 228124&nodeId = 228125&type = 147。

4.《上海试点青少年犯罪缓处考察违法材料不进档案》，载中国新闻网 2005 年 4 月 4 日，http：//www. chinanews. com/news/2005/2005 – 04 – 04/26/558505. shtml。

5.《四川省检察机关：未成年人"少捕慎诉少监禁"原则逐渐落实》，载四川在线 2015 年 9 月 24 日，https：//sichuan. scol. com. cn/fffy/201509/54016899. html。

6.《未成年人犯罪近四成不批捕》，载安徽网 2017 年 5 月 27 日，http：//www. ahwang. cn/anhui/20170527/1638013. shtml。

7.《最高检首设未成年人检察工作办公室》，载新华网 2015 年 12 月 23 日，http：//news. xinhuanet. com/legal/2015 – 12/23/c_1117559375. htm。

六、英文著作

1. A Binder, J Monahan&M Newkirk, *Diversion From the Juvenile Justice System and the Prevention of Delinquency*, Pergamon Press, 1976.

2. Alida V. Merlo&Peter J. Benekos, *Dean John Champion, The Juvenile Justice System: Delinquency, Processing, and The Law* (8th ed), Pearson/Prentice Hall, 2016.

3. Gordon Bazemore&Mara Schiff, Restorative *Community Justice: Repairing Harm and Transforming Communities*, Routledge, 2001.

4. Thomas J. Bernard, *The Cycle of Juvenile Justice*, Oxford University Press, 1992.

5. B Shertzer&C Stone, *Fundamentals of Counseling*, Mass: Houghton Mifflin, 1974.

6. Frank Tannenbaum, *Crime and the Community*, Columbia University Press, 1957.

7. G Larry Mays& L Thomas Winfree, *Juvenile Justice*, (3rd ed), Wolters Kluwer Law & Business, 2012.

8. Jan Van Dijk, *The world of crime: Breaking the silence on problems of security, justice and development across the world*, SAGE Publications, 2008.

9. John Braithwaite, *Crime, Shame and Reintegration*, Cambridge University Press, 1989.

10. John Braithwaite, *Juvenile Offender: New Theory and Practices*, Australian Institute of Criminology, 1993.

11. Larry J Siegel&Joseph J Senna, *Juvenile Delinquency*, West Publishing Company, 2014.

12. Lemert, E M, Social Pathology, McGraw－Hill Book Co, 1957.

13. P Lerman, *Community Treatment and Social Control: A Critical Analysis of Juvenile Correctional Policy*, University of Chicago Press, 1975.

14. Peter HvanderIaan, *Just Desert and Welfare: Juvenile Justice in the Netherlands*, Springer, 2006.

15. Robert W Taylor, Eric J Fritsch&Tory J Caeti, *Juvenile justice: policies,*

programs, and practices, Glencoe/McGraw – Hill, 2002.

16. R Carter&M Klein, *Back on the Street: The Diversion of Juvenile Offenders*, Prentice – Hall, 1976.

17. Richard S Tuthill, *History of the Children s Court in Chicago, in Children's Courts in the US: Their Origin, Development, and Result*, AMS Press, 1904.

18. Joel A Thompson&G Larry Mays, *Removing juveniles from adult jails: The unfinished agenda, in American Jails: Public Policy Issues*, Nelson – Hall, 1989.

19. Sharp, Paul M&Barry W Hancock, *Juvenile Delinquency: Historical, Theoretical and Societal Reactions to Youth Englewood Cliffs*, Prentice Hall, 1995.

20. Spergle, *Community Problem Solving: The Delinquency Example*, University of Chicago Press, 1969.

21. Steven L Schlossman, *Love and The American Delinquent: The Theory and Practice of"Progressive" Juvenile Justice*, University of Chicago Press, 1977.

22. Ted Palmer&Roy V Lewis, *An Evaluation of Juvenile Diversion*, American Sociological Association, 1980.

23. Timothy S Bynum&Jack R Greene, *How Wide the Net? Probing the Boundaries of the Juvenile Court, in Juvenile Justice Policy: Analyzing Trends and outcomes*, Sage Publications, 1984.

24. URSA Institute, *Community Involvement in Mediation of First and Second Time Juvenile Offenders Project of the Community Board Program of San Francisco*, URSA Institute, 1993.

25. Whitehead, J T&Lab, S P, *Juvenile justice: An introduction（3rd ed）*, OH: Anderson, 2001.

26. William B Waegel, *Delinquency and Juvenile Control: A Sociological Perspective*, Prentice – Hall, 1989.

27. William E Thompson&Jack E Bynum, *Juvenile Delinquency: A Socio logical Approach（8th ed）*, Allyn & Bacon, 2010.

28. William T, Stead, *If Christ Came to Chicago*, Chicago Historical Bookwork, 1990 .

29. Winterdyk, John, *Juvenile Jusice: International perspectives, models, and trends*, CRC Press, 2015.

🌑 七、英文期刊

1. American Association Juvenile Justice Standards Project, *Contemporary Studies Project: Funding The Juvenile Justice System In Iowa*, Iowa Law Review(5), 1149 – 1318(1975).

2. Arthur II Hinshaw, Juvenile *Diversion: An Alternative to Juvenile Court*, Journal of Dispute Resolution(2), 305 – 322(1993).

3. Barry C Feld, *The Transformation of the Juvenile Court*, Minnesota Law Review(3), 691 – 726(1991).

4. Binder, Arnold & Gilbert Geis, *Ad populum argumentation in criminology: Juvenile diversion and rhetoric*, Crime and Delinquency(4), 640(1984).

5. Curran, Daniel J, *Deconstructing, Privatization, and The Promise of Juvenile Diversion: Compromising Community – based Corrections*, Crime and Delinquency(4), 374(1988).

6. Edward Pabon, *Changes in Juvenile Justice: Evolution or Reform*, Social Work (6), 492 – 497(1978).

7. Frazier, Charles E, Pamela Richards&, Roberto Hugh Potter, *Juvenile Diversion and Net Widening: Toward A Clarification of Assessment Strategies*, Human Organization(42), 115 – 122(1983).

8. Frazier, C E& Cochran, J K, *Official intervention, Diversion from the Juvenile Justice System, and Dynamics of Human Services Work: Effects of a Reform Goal Based on Labeling Theory*, Crime and Delinquency(32), 157 – 176(1986).

9. Gary T Reker, James Cote &, Edward J Peacock, *Juvenile Diversion: Conceptual Issues and Program Effectiveness*, Canadian Journal of Criminology(1), 36 – 50(1980).

10. Hinshaw, S Lee Arthur II, *Juvenile Diversion: An Alternative to Juvenile Court*, Journal of Dispute Resolution(2), 305 – 322(1993).

11. Holly A Wilson&Robert D Hoge, *The Effect of Youth Diversion Programs on Recidivism: A Meta – Analytic Review*, Criminal Justice and Behavior (5), 497 – 518(2013).

12. JR Fuller& William M Norton, *Juvenile Diversion: The Impact of Program*

Philosophy on Net Widening, Journal of Crime and Justice (1), 29 – 45(1993).

13. Julian Mack, *The Juvenile Court*, Harvard Law Review (23), 104(1909).

14. Kammer, James J, Kevin I Minor&James B Wells, *An Outcome Study of the Diversion Plus Program for Juvenile Offenders*, Federal Probation(2), 51 – 56 (1997).

15. Kaiser, Gunther, *The Juvenile Justice System: the case of Germany*, Legal Studies Forum(3), 319 – 348(1994).

16. Kirby, Bernard C, Doubts About the Indeterminate Sentence, Judicature (2), 63 – 67(1969).

17. Lemert, E M, *What hath been wrought*, Journal of Research in Crime and Delinquency (1), 34 – 36(1981).

18. Lewis, *The Humanitarian Theory of Punishment*, Res Judicatae(2), 224 – 230(1953).

19. Mark L Berlin& Herbert A Allard, *Diversion of Children from the Juvenile Courts*, Canadian Journal of Family Law(3), 439 – 460(1980).

20. Osgood, D W & Weichselbaum, H F, *Juvenile diversion: When practice matches theory*, Journal of Research in Crime and Delinquency (21), 33 – 56 (1984).

21. Palmer, T B & Lewis, R V, A *differentiated approach to juvenile diversion*, Journal of Research in Crime and Delinquency(17), 209 – 227(1980).

22. Peter Scharf, *Towards A Philosophy For the Diversion of Juvenile Offenders*, Journal of Juvenile & Family Courts(1), 13 – 20(1978).

23. Polk, Kenneth, *Juvenile diversion: A look at the record*, Crime and Delinquency(4), 657(1984).

24. Jessica Warner, Benedikt Fischer, Ricardo Albanes & Oren Amitay, *Juveniles, and the Police: What High – School Students Believe About Detection and Enforcement*, Canadian Journal of Criminology(4), 401 – 420(1998).

25. Zimring, F E, *The common thread: Diversion in juvenile justice*, California Law Review(88), 2477 – 2495(2000).